MIX
Papier aus verantwortungsvollen Quellen
Paper from responsible sources
FSC® C105338

Paolo Lombardo

Usability und Suchmaschinenoptimierung im Kontext von Web Content Management Systemen

Interdisziplinäre Auswahlkriterien
zur Herstellung eines
Pflichten- und Lastenheftes

Diplomica Verlag GmbH

Lombardo, Paolo: Usability und Suchmaschinenoptimierung im Kontext von Web Content Management Systemen: Interdisziplinäre Auswahlkriterien zur Herstellung eines Pflichten- und Lastenheftes. Hamburg, Diplomica Verlag GmbH 2013

Buch-ISBN: 978-3-8428-9804-2
PDF-eBook-ISBN: 978-3-8428-4804-7
Druck/Herstellung: Diplomica® Verlag GmbH, Hamburg, 2013

Bibliografische Information der Deutschen Nationalbibliothek:
Die Deutsche Nationalbibliothek verzeichnet diese Publikation in der Deutschen Nationalbibliografie; detaillierte bibliografische Daten sind im Internet über http://dnb.d-nb.de abrufbar.

Das Werk einschließlich aller seiner Teile ist urheberrechtlich geschützt. Jede Verwertung außerhalb der Grenzen des Urheberrechtsgesetzes ist ohne Zustimmung des Verlages unzulässig und strafbar. Dies gilt insbesondere für Vervielfältigungen, Übersetzungen, Mikroverfilmungen und die Einspeicherung und Bearbeitung in elektronischen Systemen.

Die Wiedergabe von Gebrauchsnamen, Handelsnamen, Warenbezeichnungen usw. in diesem Werk berechtigt auch ohne besondere Kennzeichnung nicht zu der Annahme, dass solche Namen im Sinne der Warenzeichen- und Markenschutz-Gesetzgebung als frei zu betrachten wären und daher von jedermann benutzt werden dürften.

Die Informationen in diesem Werk wurden mit Sorgfalt erarbeitet. Dennoch können Fehler nicht vollständig ausgeschlossen werden und die Diplomica Verlag GmbH, die Autoren oder Übersetzer übernehmen keine juristische Verantwortung oder irgendeine Haftung für evtl. verbliebene fehlerhafte Angaben und deren Folgen.

Alle Rechte vorbehalten

© Diplomica Verlag GmbH
Hermannstal 119k, 22119 Hamburg
http://www.diplomica-verlag.de, Hamburg 2013
Printed in Germany

Inhaltsverzeichnis

1 **EINLEITUNG** 9

2 **AUFBAU DER UNTERSUCHUNG** 10

3 **FORSCHUNGSPROBLEM UND FORSCHUNGSZIEL** 11

3.1 STAND DER FORSCHUNG 11
3.2 FORSCHUNGSPROBLEM 11
3.3 FORSCHUNGSZIEL 14

4 **FORSCHUNGSDESIGN** 16

4.1 LITERATURGRUNDLAGE 16
4.2 FORSCHUNGSMETHODE 17
4.3 OPERATIONALISIERUNG „FUNKTIONALE ANFORDERUNGEN" 17
4.4 METHODENKRITIK 18

5 **WEBPUBLISHING** 19

5.1 PERSONALTECHNISCHER WANDEL 19
5.2 SYSTEMTECHNISCHER WANDEL 19
5.3 (WEB) CONTENT MANAGEMENT SYSTEME 20
5.3.1 DEFINITION VON WEB CONTENT MANAGEMENT SYSTEM 21
5.3.2 KATEGORISIERUNG VON WCMS 21

6 **GEBRAUCHSTAUGLICHKEIT VON SOFTWARE** 25

6.1 DIN 9241 ERGONOMIE DER MENSCH-SYSTEM-INTERAKTION 25
6.2 DEFINITION DER GEBRAUCHSTAUGLICHKEIT 25
6.3 DAS KONZEPT DER GEBRAUCHSTAUGLICHKEIT 26
6.3.1 DIE GRUNDSÄTZE DER DIALOGGESTALTUNG ISO 9241-110 26
6.3.1.1 Aufgabenangemessenheit 27
6.3.1.2 Selbstbeschreibungsfähigkeit 27
6.3.1.3 Erwartungskonformität 28
6.3.1.4 Lernförderlichkeit 29
6.3.1.5 Steuerbarkeit 30
6.3.1.6 Fehlertoleranz 31
6.3.1.7 Individualisierbarkeit 32

6.4 Leitlinien zur Informationsdarstellung – ISO 9241-12 33
6.4.1 Klarheit 33
6.4.2 Unterscheidbarkeit 33
6.4.3 Kompaktheit 33
6.4.4 Erkennbarkeit 33
6.4.5 Lesbarkeit 33
6.4.6 Verständlichkeit 33

7 Normen zu Interaktionstechniken 9241-140 bis 149 34
7.1 ISO 9241-14 – Dialogführung mittels Menüs 34
7.2 ISO 9241-15 – Dialogführung mittels Kommandosprachen 34
7.3 ISO 9241-16 – Dialogführung mittels direkter Manipulation 34
7.4 ISO 9241-17 – Dialogführung mittels Bildschirmformularen 34

8 DIN EN ISO 9241-129 Leitlinien für die Individualisierung von Software 35
8.1 Sicherheitskritische Funktionen 35
8.2 Konfiguration 35
8.3 Benutzerprofile 36
8.4 Individualisierung von Schnittstellenkomponenten 37
8.4.1 Benutzerschnittstellen-Elemente 37
8.4.2 Farbschemata 37
8.4.3 Layout 37
8.5 Benutzerführung 38
8.5.1 Kontextsensitive Benutzerführung bei Online-Hilfe 38
8.5.2 Benutzersensitive Benutzerführung 38
8.6 Systeminterne Hilfe umgehen 38
8.7 Individualisierung der Darstellung von Inhalten 38
8.8 Berücksichtigung der Aufgaben und des Informationsbedarfs 38

9 Formulardialoge DIN 9241-143 39
9.1 Übersicht über die Struktur eines Formulars 39
9.2 Modale Dialogboxen 39
9.3 Informationsdarstellung 39
9.3.1 Reihenfolge von Pflichtfeldern und optionalen Feldern 39
9.3.2 Ausrichtung numerischer Felder 40
9.3.3 Zulässige Feldwerte 40

9.4	**SYMBOLE ODER EINHEITEN**	**40**
9.5	**AUSRICHTUNG UND BESCHRIFTUNG VON FORMULARELEMENTEN**	**40**
9.5.1	BENENNUNG VON ELEMENTEN UND ELEMENTGRUPPEN	40
9.5.2	ALPHANUMERISCHE- UND TEXTFELDER	40
9.5.3	RADIO BUTTONS UND KONTROLLKÄSTCHEN	41
9.5.4	BESCHRIFTUNG BEI GRUPPEN VON FELDERN	41
9.5.5	GROßSCHREIBUNG BEI FELDBESCHRIFTUNGEN	41
9.6	**DARSTELLUNG OPTIONALER UND PFLICHTFELDER, GESCHÜTZTER FELDER UND EINGABEFELDER**	**41**
9.7	**EINGABEFORMAT BEI FORMULARFELDERN**	**41**
9.8	**EINGABEHINWEISE BEI SCHALTFLÄCHEN**	**41**
9.9	**NAVIGATION IN DEN FELDERN**	**42**
9.10	**FORMULARBEREICHE**	**42**
9.10.1	SICH GEGENSEITIG AUSSCHLIEßENDE FELDER	42
9.10.2	NAVIGATION IN FORMULARBEREICHEN	42
9.10.3	BILDLAUF DES FELDINHALTS	42
9.11	**EINGABEFOKUS UND CURSOR**	**43**
9.11.1	AUSGANGSPOSITION DES FOKUS	43
9.11.2	INDIREKTES WIEDERERLANGEN DES TASTATURFOKUS	43
9.11.3	INDIKATOREN UND CURSOR BEI MEHRFACH- UND EINFACHAUSWAHL	43
9.12	**BENUTZERSTEUERUNG**	**43**
9.12.1	ÄNDERUNGEN UND KORREKTUREN	43
9.12.2	IDENTIFIKATION UND LOKALISIERUNG VON FEHLERN	44
9.12.3	ANGABEN ZUR BENUTZERSTEUERUNG	44
9.13	**RÜCKMELDUNGEN**	**44**
9.13.1	FOKUS-INDIKATOR	44
9.13.2	FEHLER IN FELDERN	44
9.13.3	MODIFIKATION DES DATENBESTANDES EINER DATENBANK	44
9.14	**ZUGRIFFSMECHANISMEN BEI FORMULAREN**	**45**
9.14.1	DIREKTZUGRIFF	45
9.14.2	RÜCKKEHR ZUM AUSGANGSFORMULAR	45
9.15	**DEFAULT AKTIONEN FÜR FORMULARELEMENTE**	**45**
9.15.1	DEFAULTAKTIONEN	45
9.15.2	EINGABEHINWEISE FÜR DEFAULT-AKTIONEN	45
9.16	**VALIDIERUNG VON DATEN IN FORMULARFELDERN**	**45**
9.16.1	EINZELFELDVALIDIERUNG	45
9.16.2	MEHRFELDVALIDIERUNG	46

9.17	AUSWAHL VON FORMULARELEMENTEN	46
9.17.1	RADIOBUTTONS	46
9.17.2	LISTENFELDER FÜR DIE EINFACH- UND MEHRFACHAUSWAHL	46
9.18	MEHRZEILIGE TEXTFELDER	46
9.19	LAYOUT VON RADIOBUTTONS UND KONTROLLKÄSTCHEN	46
9.20	AUSWAHL VON ELEMENTEN	47
10	**WEB USABILITY**	**48**
10.1.1	NAVIGATIONEN MIT ROLLOVER-FUNKTION	50
10.1.2	TREEVIEWS	50
10.2	MENÜS	50
10.2.1	AUFKLAPPENDE MENÜS	50
10.2.2	EXPANDIERENDE MENÜS	50
10.2.3	PULLDOWN MENÜS	51
10.3	BREADCRUMBS ZUR NAVIGATIONSUNTERSTÜTZUNG	51
10.4	HERVORHEBEN DES AKTIVEN MENÜPUNKTES	51
10.5	SITEMAP	51
10.6	VERLINKUNG DES LOGOS MIT DER STARTSEITE	52
10.7	SEITENTITEL	52
10.8	SPRECHENDE URL	52
10.9	BESTÄTIGUNGSEMAILS	52
10.10	OPT-IN BEI NEWSLETTERN	53
10.11	KONTAKTFORMULARE UND KONTAKTMÖGLICHKEITEN	53
10.12	BEREITSTELLEN VON PDF DOKUMENTEN	53
10.13	PLUG-INS FÜR JAVA SCRIPT	53
10.14	PERFORMANCE DER WEBSEITE	54
10.15	SUCHFUNKTION	54
10.16	MEHRSPRACHIGE WEBSITES	55
10.17	MOBILE INHALTE	55
10.18	BILDER, GRAFIKEN UND TEXTGRAFIKEN	55
10.19	BROWSERKOMPATIBILITÄT	56
10.20	SCROLLEN MINIMIEREN	56
10.21	„ZURÜCK-BUTTON"	57
10.22	VISUELLE INTERFACE METAPHERN ICONS	57
10.23	PDF DOKUMENTE	57
10.24	FEEDBACK VON GRAFIKEN	57
10.25	FEEDBACK VON LINKS UND FARBLICHE HERVORHEBUNG	57

10.26	News und RSS Feeds	58
10.27	Frames und Framesets	58
10.28	Skalierbarkeit von Webseiten und Inhalten	58
10.29	Schriften	58
10.30	Texte im Web	59
10.30.1	Textstrukturen erzeugen	59
10.30.2	Optimale Länge von Texten im Web	59
10.30.3	Texte anteasern	60
10.31	404 Fehlermeldungen	60
10.32	Druckfunktion	60
10.33	Sicherheit und Vertrauen	60

11 SUCHMASCHINENOPTIMIERUNG 61

11.1	XML Sitemap	62
11.2	Doppelte Inhalte, Duplicate Content	62
11.3	301 Weiterleitung	63
11.4	Meta Tags	63
11.4.1	Zusätzliche Meta-Tags einfügen	63
11.4.2	Title-Tag	63
11.4.3	Meta-Tag Description	63
11.4.4	Meta-Tag Keywords	64
11.4.5	Nofollow und robots.txt	64
11.4.6	Meta-Tag Robot	65
11.5	Textgestaltung	65
11.5.1	H-Tags bei Überschriften	65
11.5.2	Wichtige Textattribute Hervorhebungen, Aufzählungen	65
11.6	ALT-Attribut und Titel-Attribut	66
11.7	Verlinkung bei größerer Ansicht	66
11.8	PDF Dokumente	66
11.9	Linktexte	67
11.10	Flash	67
11.11	Java Script und AJAX	67
11.12	Code Validität	68
11.13	Ladezeitfreundliche Webseiten	68
11.13.1	Komprimierung von PHP Dateien	69
11.13.2	Kompression aktivieren in der .htaccess	69
11.13.3	Browsercache	69

11.13.4	HINTERGRUNDFARBEN HINTERGRÜNDE	69
11.13.5	HINTERGRUNDGRAFIKEN	70
11.13.6	CASCADING STYLE SHEETS AUSLAGERN	70

12 WEITERE ASPEKTE 71

12.1 TECHNISCHE BESONDERHEITEN BEI NEWSLETTER 71
12.1.1	DOUBLE-OPT-IN	71
12.1.2	IMPORT VON KUNDENDATEN PER .CSV	71
12.1.3	MULTIPARTFORMAT	71
12.1.4	ERFOLGSKONTROLLE VON NEWSLETTERN	72
12.1.5	SPAMORDNER	72
12.1.6	UNSUBSCRIBERATE	73

12.2 WORKFLOWPROZESSE 73
12.2.1	QUALITÄTSSICHERUNG	73
12.2.2	ZEITVERSETZTE AUSGABE	73
12.2.3	SIMULTANER ZUGRIFF	73
12.2.4	FRONTEDITING	74
12.2.5	KOLLABORATION	74
12.2.6	KEYWORDDICHTE	74

12.3 SCHUTZ UND SICHERHEIT 74
12.3.1	PASSWORTSICHERHEITSCHECK	74
12.3.2	DATENSICHERHEIT	75
12.3.3	GESICHERTE VERBINDUNGEN	75
12.3.4	SCHUTZ VOR DATENVERLUST	75
12.3.5	SCHUTZ VOR BROKEN LINKS	75
12.3.6	SCHUTZ VOR SYSTEMINSTABILITÄT	75
12.3.6.1	Updatehinweise für den Core	75
12.3.6.2	Hinweis auf Kompatibilitätsprobleme mit Erweiterungen	75
12.3.6.3	Updatehinweise für Erweiterungen	76
12.3.6.4	Schutz vor Überlastung	76
12.3.6.5	Datenschutz	76

12.4 ASSETMANAGEMENT 76
12.5 ZUKÜNFTIGE ANFORDERUNGEN 77
12.5.1	LONG TERM EDITIONS	77
12.5.2	ERWEITERBARKEIT	77
12.5.3	WEITERENTWICKLUNG	77
12.5.4	SKALIERBARKEIT	77

12.5.5	MULTISITEMANAGEMENT	77
12.5.6	SCHNITTSTELLEN	78

13 KATEGORIENBILDUNG 79

13.1	**OBERKATEGORIEN SOFTWARE- UND WEB USABILITY**	**81**
13.2	**OBERKATEGORIE SEO**	**82**
13.2.1	ONPAGE-OPTIMIERUNG	82
13.2.2	OFFPAGE-OPTIMIERUNG	82
13.3	**OBERKATEGORIE TECHNIK**	**82**
13.3.1	SICHERHEITSTECHNIK	83
13.3.2	INFORMATIONSTECHNIK	83
13.3.3	WORKFLOWTECHNIK	83
13.3.4	ASSETMANAGEMENT-TECHNIK	83
13.4	**RECHT**	**83**
13.5	**ZUKUNFTSFÄHIGKEIT**	**84**

14 FAZIT 85

Literaturverzeichnis 86

Abbildungsverzeichnis 89

Tabellenverzeichnis 90

1 Einleitung

Die Bedeutung von Onlinekommunikation ist gewachsen und in Internetredaktionen gilt mittlerweile das Prinzip „Online-First". Mit der Ausweitung und Weiterentwicklung ist die Präsentation von Unternehmensinformationen auf Webseiten im Internet und Intranet fester Bestandteil im Kommunikationsmix. Mitarbeiter sowie externe Interessensgruppen nutzen das Internet oder Intranet als Informationsquelle[1]. Einerseits werden qualifizierte Mitarbeiter benötigt, die relevante Inhalte erstellen und in kurzer Zeit publizieren können, damit die Aktualität gewährleistet ist und andererseits entsprechende Softwareprogramme, die es ermöglichen.

Im Vergleich zu den Anfängen des World Wide Web fand bis heute ein Wechsel in vielerlei Hinsicht statt.

---

[1] Das bestätigt ebenfalls eine veraltete GFK Studie aus dem Jahr 2001, die Manhartsberger/Musil auf Seite 71 erwähnen und aus der hervorgeht, dass das Internet hauptsächlich zum Auffinden von Informationen genutzt wird.

2 Aufbau der Untersuchung

Nach der Einführung in das Thema und die Problematik wird die für diese Arbeit relevante Literatur vorgestellt und die Forschungsmethode beschrieben. Im Anschluss daran folgt eine Definition von Content Management Systemen und eine Einteilung, um Unterschiede aufzuzeigen.

In den Kapiteln 6 bis 9 werden ausgewählte Normen und Unterreihen der DIN 9241 „Ergonomie der Mensch-System-Interaktion" analysiert, die Rückschlüsse auf die Gebrauchstauglichkeit[2] von Systemen ermöglichen.

In den Kapiteln 10 und 11 werden zentrale Bausteine guter Onlinemedienarbeit analysiert. Web Usability ist eng mit der Systemauswahl verknüpft, da jedes CMS die Realisierungsmöglichkeiten einschränkt (vgl. Manhartsberger, Musil 2001:342), was ebenfalls auf die Suchmaschinenoptimierung zutrifft. Dort spielt die Technik und Beschaffenheit einer Softwareplattform eine wichtige Rolle, wenn es darum geht, Inhalte möglichst gut und vollständig für Suchmaschinen erfassbar zu machen. Denn der Arbeitsprozess der Inhaltserstellung wird umso effektiver und wirtschaftlicher, je mehr Hürden ein System aus dem Weg schafft (vgl. Coenen 2011:44). In Kapitel 12 werden weitere Aspekte analysiert, die nach Auffassung des Autors ebenfalls berücksichtigt werden sollten. Am Ende der Arbeit erfolgt die Operationalisierung und Kategorisierung, gefolgt vom Fazit.

---

[2] Bzw. Benutzerfreundlichkeit

3 Forschungsproblem und Forschungsziel

Zunächst erfolgt ein Überblick zum Stand der Forschung. Nachdem das Forschungsproblem erläutert wurde, folgt im Anschluss das Forschungsziel.

3.1 Stand der Forschung

Welche Kriterien eine gute Webseite erfüllen muss, darüber existiert ausreichend Literatur. Wer aber vor der Auswahl für ein neues Web Content Management System (WCMS) steht, findet kaum Literatur, die explizit darauf eingeht oder eine nützliche Hilfestellung bietet. Somit ist zunächst unbekannt, welche Anforderungen ein gutes CMS berücksichtigen muss. Vereinzelt existieren Fallstudien, sie fokussieren jedoch den Einsatz eines speziellen WCMS. Bei einer Durchsicht von Onlineergebnissen findet sich Laienwissen in unzähligen Hilfeforen. Daneben existieren ebenfalls Checklisten, die jedoch meist technische Aspekte fokussieren. In diesem Kontext wird die Benutzerfreundlichkeit bzw. Gebrauchstauglichkeit von Softwaresystemen entweder komplett ignoriert oder einzig und allein sehr oberflächlich[3] abgehandelt, ohne genauer auf die Kriterien einzugehen, die sie ausmachen.

3.2 Forschungsproblem

Die Auswahl eines geeigneten Web Content Management ist aufgrund der beträchtlichen Anzahl schwierig (vgl. Manhartsberger, Musil 2001:342) und sehr komplex, da vieles berücksichtigt werden muss. Hierfür wäre aber interdisziplinäres Wissen im Vorfeld nötig!
Nach Auffassung des Autors lässt sich die Auswahl vorab einzig und allein auf Basis der Produktbeschreibungen[4] treffen. Die darin enthaltenen Aussagen beschreiben zwar den Funktionsumfang, lassen aber einzig und allein vage Rückschlüsse auf die bereits angesprochene Benutzerfreundlichkeit des Systems selbst zu. Damit aber am Ende ein weit gefasster Personenkreis in die Lage versetzt werden kann, Inhalte problemlos mit Hil-

---

[3] So ebenfalls in der Masterarbeit von Johannes Krüger auf Seite 45.
[4] Viele Systeme werben mit Buzzwords wie Benutzerfreundlichkeit.

fe eines Systems zu publizieren, müssen diese Kriterien genauer analysiert werden, um negative Auswirkungen zu vermeiden. Ein weiteres Problem in diesem Kontext sind unterschiedliche Gruppen, die unterschiedliche Ansprüche an ein System stellen. Diese Anforderungen werden in der Regel in einem Lasten- und Pflichtenheft festgehalten, wobei es bereits zu Problemen kommen kann. Aufgrund eindeutig geregelter Hierarchien[5] werden nicht alle Aspekte der Beteiligten bei der Lösungsfindung gehört (vgl. Broschart 2011:43). Diese komplexe Problematik soll anhand der nachfolgenden Grafik verdeutlicht werden.

---

[5] Broschart sprach in diesem Kontext von der Planung von Suchmaschinenoptimierungsmaßnahmen, was sich nach Auffassung des Autors ebenfalls auf den Auswahlprozess von CMS übertragen lässt.

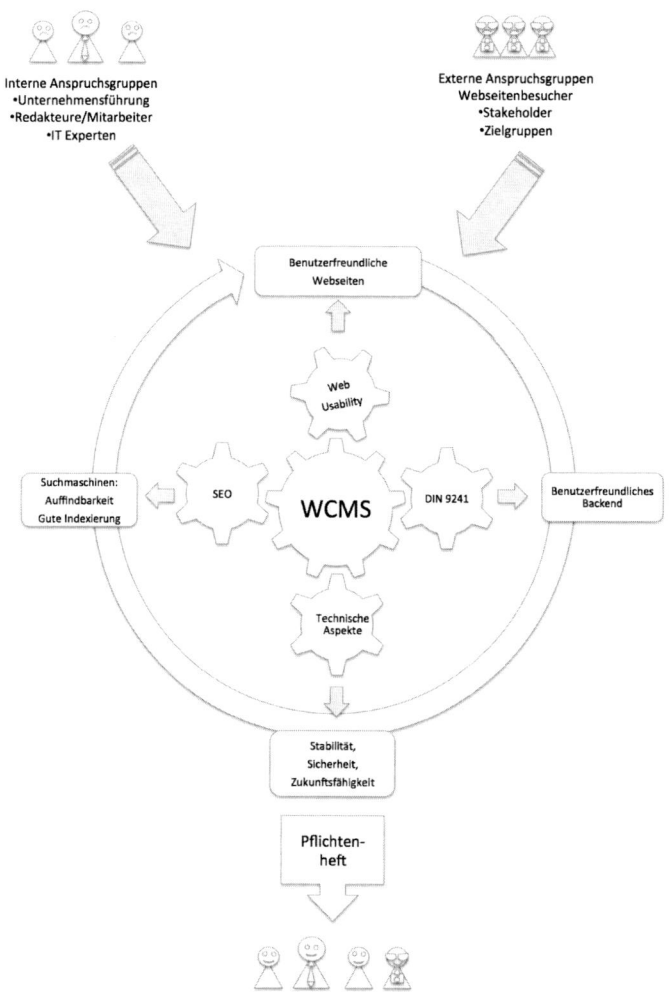

Abbildung 1: Divergierende Ansprüche während der Systemauswahl. (eigene Darstellung).

Bei der Anfertigung eines Lasten- und Pflichtenheftes müssen Ansprüche interner sowie indirekt externer Anspruchsgruppen berücksichtigt werden. Die Unternehmensleitung verfolgt übergeordnete Unternehmensziele wie bsw. erfolgreiches Onlinemarketing durch relativ günstige Suchmaschinenoptimierung (vgl. Winkler 2008:162; <<ebenso>> Broschart 2011:5).

IT Abteilungen fokussieren vornehmlich technische Aspekte, wie Stabilität, System- und Datensicherheit, Integration in bestehende Softwareumgebungen, Erweiterung des Systems und technischer Support. Redakteure mit ihren Mitarbeitern favorisieren eine einfache Bedienung des Systems im Backend, die Effektivität und Effizienz fördert und sie bei der Arbeit optimal unterstützt.

Externe Anspruchsgruppen[6], die eigentlichen Webseitenbesucher, möchten relevante Informationen in Suchmaschinenergebnissen finden, um im Anschluss daran auf eine Webseite zu gelangen, die sich an Web Usability Standards orientiert.

Werden diese unterschiedlichen Ansprüche im Lasten- und Pflichtenheft berücksichtigt, kann Konsens entstehen.

3.3 Forschungsziel

Das Ziel dieser Untersuchung ist eine standardisierte „Checkliste zur Unterstützung der Auswahl von WCMS". Daraus ergeben sich mehrere Vorteile.

- Die Komplexität des Themas wird reduziert.
- Erkenntnisse bzw. Konventionen werden interdisziplinär und zentral zur Verfügung gestellt.
- Der Prozess zur Herstellung eines Lasten- und Pflichtenheftes wird unterstützt und beschleunigt.
- Konsens wird ermöglicht, da alle Anspruchsgruppen berücksichtigt werden.

---

[6] Im übertragenen Sinne ebenfalls die Robots der Suchmaschinen.

Folgende Forschungsfragen sollen daher mit dieser Untersuchung geklärt werden:

1. Welche Anspruchsgruppen sind bei der Auswahl eines WCMS zu berücksichtigen? Welche Ansprüche stellen sie?

2. Welche Disziplinen müssen zur Klärung des Forschungsproblems herangezogen werden?

3. Welche Kriterien der jeweiligen Disziplin lassen Rückschlüsse auf die Beschaffenheit eines Systems zu?

4. Welche weiteren Aspekte müssen bei der Auswahl eines Web Content Management Systems berücksichtigt werden?

5. Wodurch unterscheiden sich kleine, mittlere und große Systeme?

4 Forschungsdesign

In diesem Kapitel wird die Literatur vorgestellt sowie die Forschungsmethode mit ihren Schwächen.

4.1 Literaturgrundlage

Für diese Untersuchung wurde unter anderem Fachliteratur aus dem Schwerpunkt Onlinemedienarbeit zugrunde gelegt. Relevante Vertreter zentraler Bausteine guter Onlinemedienarbeit sind:

Steven Broschart

Er ist ein führender Spezialist für Onlinemarketing in Deutschland und Buchautor. Er verschmilzt die Bereiche SEO und Usability miteinander (vgl. Broschart 2011:7) und betrachtet ebenfalls psychologische und subjektive Aspekte der User Experience (vgl. Broschart 2011:330).

Jan Winkler

Ist Buchautor und Geschäftsführer eines Internetvermarktungsunternehmens. Er beschreibt den kompletten Entstehungsprozess einer Webseite und geht unter anderem auf Suchmaschinenoptimierungsaspekte ein sowie Onlinemarketing.

Manhartsberger/Musil

Die beiden Autoren behandeln das Thema Web Usability als eine Mischung aus Marketing, User Centered Design sowie Vertrauen als zentralem Aspekt und beschreiben die Konzeption bis zur fertigen Webseite. Allerdings handelt es sich um Literatur, die in Teilen veraltet ist.

Des Weiteren wurde Literatur aus den Ingenieurwissenschaften analysiert. Die DIN 9241 Ergonomie der Mensch-System-Interaktion gibt in mehreren Normen Aufschluss über die Gebrauchstauglichkeit von Software. Aufgrund mangelnder Literatur zum Forschungsgegenstand wurden Studienarbeiten herangezogen und diverse Onlinequellen. Die Kriterien im Kapitel 12 basieren unter anderem auf einem ebook, das verschiedene Systeme detailliert vorstellt[7].

4.2 Forschungsmethode

Um das Forschungsziel zu erreichen, wurde die zugrunde gelegte Literatur einer quantitativen Analyse unterzogen. Somit wurde es möglich eine hohe Anzahl Kriterien für eine allgemeingültige Checkliste zu erheben.

Hierbei handelt es sich um eine systematische Vorgehensweise, bei der Ergebnisse regelgeleitet erhoben werden. Dadurch werden Ergebnisse intersubjektiv nachvollziehbar und überprüfbar.

4.3 Operationalisierung „funktionale Anforderungen"

Um Kriterien aus den Bereichen Web Usability und Suchmaschinenoptimierung zu erheben, wurde der Begriff „funktionale Anforderungen" operationalisiert, um ein regelgeleitetes Vorgehen zu ermöglichen. Ein Kriterium wurde erhoben, wenn es die nachfolgenden Bedingungen erfüllte.

Eine funktionale Anforderung lässt sich einzig und allein dann eindeutig ableiten, wenn ein Kriterium der jeweiligen Disziplin Rückschlüsse auf **untergeordnete** Funktionen eines Systems zulässt, die unabhängig von **übergeordneten** menschlichen Fähigkeiten[8] sind, die für das Erreichen des Kriteriums nötig wären.[9]

---

[7] Hierbei handelt es sich um eine bewusste Auswahl.

[8] Die Fähigkeit bsw. Web Usability oder SEO Standards einzuhalten, ist abhängig von den Kenntnissen des Individuums.

[9] Beispiel: Verfügt der Text über eine hohe Keyworddichte? Daraus lässt sich keine eindeutige Funktion ableiten, weil die Keyworddichte übergeordnet von menschlichen Fähigkeiten abhängig ist (bsw. seinen Kenntnissen über das Schreiben für gute Webtexte) und das System für die Einhaltung dieses Kriteriums, untergeordnet einzig und allein die Möglichkeit bereitstellen muss, Texte im System eingeben zu können. Ob dieses Kriterium eingehalten wird, ist abhängig vom Menschen.

4.4 Methodenkritik

Die aus der DIN 9241 erhobenen Kriterien wurden bewusst ausgewählt, da nicht alle Kriterien aus Sicht des Autors relevant waren. Eine regelgeleitete und intersubjektiv nachvollziehbare Erhebung war nicht möglich, da die in der Norm enthaltenen Empfehlungen für Software allgemein gelten. Dazu zählen webbasierte Anwendungen ebenfalls. Es konnte keine trennscharfe Einteilung erfolgen. Ebenfalls wurden die Kriterien im Abschnitt „Weitere Aspekte" bewusst ausgewählt, wenn der Autor der Meinung war, dass sie relevant für diese Untersuchung waren.

5 Webpublishing

Wie bereits in der Einleitung erwähnt, wird an dieser Stelle der Wandel des Webpublishing Prozesses erklärt.

5.1 Personaltechnischer Wandel

Das Webpublishing war früher abhängig von einem Webprogrammierer, der als einziger über Expertenkenntnisse verfügte und für diesen Bereich verantwortlich war (vgl. Krueger 2006:8). Dadurch entstand eine Art „Nadelöhr", da die Veröffentlichung einzig und allein über den „Umweg" des Webmasters erfolgen konnte (vgl. Krueger 2006:12). Heutzutage ist der Prozess der Inhaltspflege arbeitsteilig und auf mehrere Abteilungen verteilt. Die Betreuung des Internet/Intranet fällt laut der Contentstudie[10] 2011 in den Verantwortungsbereich der Marketing- und Kommunikationsabteilung (vgl. Contentstudie 2011:9), die aus kleinen Redaktionsteams aus bis zu fünf Personen bestehen, die sich über die Hälfte der Zeit hauptberuflich mit der Internetredaktion beschäftigen. Dabei werden sie von vielen Redakteuren in Nebenfunktion[11] unterstützt (vgl. Contentstudie 2011:19), die technisch nicht so versiert sind (vgl. Krüger 2006:26).

5.2 Systemtechnischer Wandel

Die Technik hinter diesen Publikationsprozessen wurde aufgrund der Weiterentwicklung immer weiter vereinfacht. Content Management Systeme[12] wurden zugunsten von Editorenprogrammen[13] eingesetzt, die die gesteigerte Informationsflut bzw. –verarbeitung sicherstellten.

Dabei handelt es sich entweder um serverseitige Systeme, die dezentral in jedem Internetbrowser über eine grafische Benutzeroberfläche (GUI=Graphical User Interface) bedient werden oder um clientseitige Sys-

---

[10] Verantwortliche von Onlineredaktionen aus 187 (=n) Unternehmen verschiedener Branchen im Raum Deutschland wurden zu ihrer Arbeitsweise befragt. Siehe Anhang.
[11] Sie weisen unterschiedliche Kenntnisse und Fähigkeiten auf.
[12] Dieser Begriff hat sich im allgemeinen SprachGebrauch etabliert, ist aber nicht korrekt.
[13] Bsw. Frontpage oder Dreamweaver.

teme, die Bestandteil eines ECM[14] sind und einzig und allein zentral auf dem Desktop installiert und genutzt werden können. Alle Inhalte (Content) werden mit Hilfe einer Datenbank verwaltet (Management) und vom Layout getrennt. Durch diese Trennung und den Einsatz von Templates kann die „Time to web" verkürzt (vgl. Krüger 2006:26) und ein einheitliches Layout vorgegeben werden. Die Administration und Dateneingabe erfolgt im so genannten Backend[15] und die Ausgabe der Inhalte auf der Webseite im so genannten Frontend[16]. Der Zugriff der Mitarbeiter wird über ein Rollensystem mit unterschiedlichen Zugriffsrechten gesteuert.

Nachgeschaltete, workflowgestützte Publikationsprozesse dienen als Kontrollmechanismus, um die Qualität und Aktualität der Inhalte zu sichern (vgl. Büren/Riempp 2002:8).

Waren früher einzig und allein statische Webseiten möglich, so lassen sich heute aus Gründen der Performance dynamische oder Mischformen aus teils statisch und teils dynamisch generieren (vgl. Krüger 2006:18).

Durch den modularen Aufbau lässt sich der Funktionsumfang dieser Systeme in den allermeisten Fällen ohne explizite Expertenkenntnisse durch „Extensions[17]" erweitern.

5.3 (Web) Content Management Systeme

Am Markt befinden sich CMS unterschiedlichster Ausprägungen. Dazu zählen Open Source Systeme, die von einer Community entwickelt werden und deren Quellcode öffentlich ist[18]. Somit können eigene Schnittstellen programmiert werden, um eine Integration in unternehmensweite Systeme zu gewährleisten. Daneben gibt es geschlossene Systeme[19] kommerzieller Art. Der Quellcode ist nicht öffentlich und erlaubt keine Anpassung. Der Vollständigkeit halber werden an dieser Stelle ebenfalls Agenturlösungen[20]

---

[14] Enterprise Content Management System
[15] So nennt man den Dateneingabebereich eines WCMS.
[16] So nennt man den Bereich, wo der Internetnutzer die eigentliche Seite im Browser sieht.
[17] Fertig programmierte Erweiterungen, die aus dem System heraus installiert werden können, um den Funktionsumfang des Systems zu erweitern.
[18] Dabei kann es sich um kommerzielle oder frei verfügbare Systeme handeln.
[19] Bsw. Enterprise Content Management Systeme wie RedDot.
[20] Sie sind ebenfalls kostenpflichtig und werden individuell von einer Agentur programmiert.

genannt, auf die nicht weiter eingegangen wird. Alle Systeme unterscheiden sich hinsichtlich ihres Einsatzgebietes, Zwecks und ihres Funktionsumfanges in vielerlei Hinsicht, wie in Abbildung 2 zu sehen ist.

5.3.1 Definition von Web Content Management System

In Anlehnung an C. Heck ist ein Web Content Management System eine spezielle Ausprägung eines Content Management Systems (CMS)[21]. Letzteres dient als Werkzeug zur Gestaltung, Verwaltung, Speicherung und Darstellung von elektronischen Inhalten in einem Unternehmen. Unter Content versteht man beliebige Inhalte, die in digitaler Form vorliegen. Ein WCMS dient letztendlich zur einfachen und schnellen Verwaltung und Pflege von Content auf Webseiten (vgl. Heck 2005:19). Daher lautet die korrekte Bezeichnung Web Content Management System.

5.3.2 Kategorisierung von WCMS

Der Autor weist darauf hin, dass eine trennscharfe Einteilung dieser Systeme in kleine, mittlere oder große Systeme nicht möglich ist. Nachfolgend sollen dennoch allgemeine Besonderheiten kleinerer, mittlerer und großer Systeme dargestellt werden, um Einsteigern gewisse Unterschiede aufzuzeigen. Es wird bewußt nicht auf spezielle Web CMS eingegangen und die nachfolgend aufgeführten Punkte können je nach gewähltem System abweichen!

---

[21] Umgangssprachlich wird fälschlicherweise der Ausdruck CMS verwendet.

Kategorisierung von Web Content Management Systemen			
Kriterium	kleine	mittlere	große
Einsatzgebiet	privat	geschäftlich	geschäftlich
Funktionsumfang	klein	mittlerer	großer
Verantwortliche Contenterstellung	Website-Betreiber selbst	Mitarbeiter einer Abteilung	Mitarbeiter mehrerer Abteilungen
Aktualisierungsintervall	selten	selten bis häufig	täglich
Seitenanzahl	überschaubar	überschaubar bis viele	sehr viele
Anforderungen an den Webspace	gering	hoch	Sehr hoch
Lizenz	Opensource	Opensource und kostenpflichtig	kostenpflichtig
Installationsaufwand	gering	hoch	sehr hoch
Updatehäufigkeit	gering	hoch	sehr hoch
Sicherheitsupdates	gering	hoch	sehr hoch

Abbildung 2: Allgemeine Besonderheiten von WCMS (eigene Darstellung).

WCMS der Kategorie „klein" verfügen in der Standardversion zunächst über einen eingeschränkten Funktionsumfang und sind daher intuitiver[22] zu bedienen und werden vornehmlich im privaten Bereich eingesetzt. Sie lassen sich bei Bedarf erweitern. Der Webseitenbetreiber erstellt die Inhalte selbst und aktualisiert sie eher selten. Die Anzahl der einzelnen Seiten ist überschaubar und es gibt kaum spezielle Anforderungen an den Webspace, so dass das kleinste Webhostingpaket ausreichend ist. Der Installationsaufwand ist eher gering. Unter anderem handelt es sich dabei um frei verfügbare Open Source Systeme, die von einer Community entwickelt werden oder Bestandteil eines Webhostingpaketes sind. Hier kann es unter anderem zu Problemen kommen, wenn die Aktualisierungsfrequenz sehr gering ist, so dass Sicherheitslücken nicht sofort behoben werden oder die Zeitspanne bis zum nächsten großen Release zu lange dauert. Ebenso ist man darauf angewiesen, dass die Community

---

[22] Aufgrund des geringen Funktionsumfangs.

benötigte Erweiterungen zur Verfügung stellt und das System weiterentwickelt. Das ist zunächst abhängig von der Größe der Community.

WCMS der mittleren Kategorie werden überwiegend geschäftlich eingesetzt und verfügen in der Standardausführung über je nach System über einen höheren Funktionsumfang was zu Problemen beim „einfachen Erlernen" eines Systems führen kann (vgl. Krüger 2006:13). Mehrere Personen pflegen Inhalte simultan ein und aktualisieren diese mehrmals täglich. Die Anzahl der einzelnen Webseiten schwankt von überschaubar bis höher und es gelten besondere Anforderungen an das Webhostingpaket (unter anderem Stabilität durch Rootserver etc.). Der Installationsaufwand ist höher, da teilweise Expertenwissen nötig ist[23]. Da Open Source WCMS von mehreren Programmierern[24] einer Community programmiert werden, kann es zu Inkonsistenzen kommen, da jeder Programmierer eine andere Richtung verfolgt. Die Aktualisierungsfrequenz ist höher, so dass schneller auf Sicherheitslücken reagiert wird oder ein neues Release herausgegeben wird. Die Verfügbarkeit von Systemerweiterungen ist wie auch bei kleinen WCMS abhängig von der Community die dahinter steht und sie kostenlos anbietet. Eingriffe in den Quellcode sind erlaubt, um ihn individuell anpassen zu können. Es gibt keinen zentralen Ansprechpartner bei Problemen. Hier muss man in Foren der Community suchen. Bei Systemabsturz oder Datenverlust kann niemand haftbar gemacht werden! Da diese Web CMS meist von einer Community programmiert werden, sind diese Systeme zukunftssicher und nicht von Insolvenz bedroht.

WCMS der Kategorie „groß" sind meistens Bestandteil eines Enterprise Content Management Systems (ECM) und werden in Großunternehmen eingesetzt. Sie verfügen theoretisch über einen uneingeschränkten Funktionsumfang, da sie gegen Entgelt individualisiert werden können. Sie werden täglich simultan von vielen Mitarbeitern verschiedener Abteilun-

---

[23] Es gibt mittlerweile Webhoster wie Mittwald.de, die vorinstallierte WCMS anbieten.
[24] Bei Typo3 entwickeln 50 Personen den „Core" des WCMS.

gen rund um den Globus genutzt. Ergo müssen diese Systeme eine Vielzahl an Eingaben verarbeiten. Es gelten spezielle Anforderungen an den Webspace, um die Stabilität des Systems zu gewährleisten. Gerade bei vielen simultanen Aufrufen der Webseite müssen die Webserver flexible reagieren. Dadurch, dass die Systeme sehr komplex sind und der Installationsaufwand ist sehr hoch ist, kann die Installation nur von erfahrenen Experten durchgeführt werden. Die Installation und Nutzung ist desktopbasiert und zentral. Die Anpassung des Systems verursacht zusätzliche Kosten, da benötigte Erweiterungen nicht selbst programmiert werden können. Sie müssen zusätzlich erworben werden. Da es sich um einen Systemanbieter handelt, erhält man ein komplettes, konsistentes System aus einem Guss. Sicherheitslücken werden allein aus Haftungsgründen sofort behoben und das System ständig aktualisiert, was den Einsatz dieser Systeme sehr sicher macht. Es gibt einen zentralen Ansprechpartner bei Problemen. Bei diesen Systemen besteht die Gefahr der Insolvenz des Anbieters. Die Gesamtkosten für diese Systeme sind sehr hoch.

6 Gebrauchstauglichkeit von Software

Das Deutsche Institut für Normung (DIN) erarbeitet mit Vertretern interessierter Kreise konsensbasierte Normen und ist die nationale Normierungsorganisation für Deutschland (vgl. Gebrauchstauglichkeit von Software 1 2011:VIII).

6.1 DIN 9241 Ergonomie der Mensch-System-Interaktion

„Die Normenreihe 9241 deckt ergonomische Aspekte der Mensch-Maschinen-Interaktion ab, die Hardware und Software betreffen." Die Normen zur Software-Ergonomie gelten für all jene Softwarekomponenten eines interaktiven Systems, die die Gebrauchstauglichkeit beeinflussen. Dazu zählt unter anderem Anwendungssoftware, einschließlich web-basierter Anwendungen (vgl. Gebrauchstauglichkeit von Software 1 2011:36). Alle Angaben sind allgemein gehalten. Ein WCMS ist eine web-basierte Anwendung, weshalb diese Norm darauf angewendet werden kann.

6.2 Definition der Gebrauchstauglichkeit

Gebrauchstauglichkeit ist das Ausmaß, in dem ein Produkt durch bestimmte Benutzer in einem Nutzungskontext genutzt werden kann, um bestimmte Ziele effektiv, effizient und zufriedenstellend zu erreichen.
Der Nutzungskontext bezieht sich dabei auf die Benutzer selbst, ihre Arbeitsaufgaben, Arbeitsmittel (inkl. Software) sowie der physische und soziale Umgebung, in der das Produkt genutzt wird (Gebrauchstauglichkeit von Software 1 2011:38)[25].

Daraus resultiert, dass die Belastung der Anwender einerseits steigt und die Effektivität bei der Erledigung von softwaregestützten Aufgaben sinkt, wenn sich Software nicht immer einwandfrei und reibungslos benutzen lässt (vgl. Gebrauchstauglichkeit von Software 1 2011:V). Hier wird die Relevanz von Gebrauchstauglichkeit im Hinblick auf WCMS deutlich.

---

[25] Diese Definition wird ebenfalls im Zusammenhang mit Web Usability genannt.

6.3 Das Konzept der Gebrauchstauglichkeit

Das Konzept der Gebrauchstauglichkeit besagt, dass die Art und Weise, wie Informationen dargestellt werden (DIN 9241-12), die Grundsätze der Dialoggestaltung (DIN 9241-11) unterstützen. Daraus resultiert für den Benutzer eine Unterstützung der Effizienz, Effektivität und Zufriedenstellung (vgl. Gebrauchstauglichkeit von Software 1 2011:152), wie Abbildung 3 verdeutlicht.

Abbildung 3: Konzept der Gebrauchstauglichkeit (ISO 9241-11). Beziehung zwischen diesem Teil von ISO 9241 und ISO 9241-11 sowie ISO 9241-12 (vgl. Gebrauchstauglichkeit von Software 1 2011:153)

6.3.1 Die Grundsätze der Dialoggestaltung ISO 9241-110

Die Grundsätze der Dialoggestaltung sind Bestandteil dieses Konzeptes und stellen eine Unterreihe der Normen zur Software-Ergonomie dar. Sie enthalten sieben Grundsätze guter Praxis zur Gestaltung des Dialogs zwischen dem Benutzer und der Benutzungsschnittstelle (vgl. Gebrauchstauglichkeit von Software 1 2011:43). Sie bilden die Grundlage auf die sich andere Normen beziehen (vgl. Gebrauchstauglichkeit von Software 1 2011:43 ff).

6.3.1.1   Aufgabenangemessenheit

Ein System ist aufgabenangemessen, wenn es einen Benutzer unterstützt, seine Arbeitsaufgabe zu erledigen, d.h., wenn Funktionalität und Dialog auf den charakteristischen Eigenschaften der Arbeitsaufgabe basieren, anstatt auf der zur Aufgabenerledigung eingesetzten Technologie. Es sollten einzig und allein Informationen seitens des Systems angezeigt werden, die im Zusammenhang mit der Erledigung der Aufgabe stehen, ansonsten steigt die mentale Belastung. Die Form der Ausgabe sollte der Arbeitsaufgabe angepasst sein. Wenn ganz bestimmte Eingabewerte[26] für eine Aufgabe typisch sind, sollten diese Werte für Benutzer automatisch als voreingestellte Werte verfügbar sein.

Es sollten einzig und allein notwendige Dialogschritte im Arbeitsablauf enthalten sein, um unnötige Interaktionen zu minimieren. Die unnötigen[27] werden automatisch vom System ausgeführt. Werden Quelldokumente für eine Arbeitsaufgabe verwendet, so sollte die Benutzungsschnittstelle kompatibel zu Charakteristika der Quelldokumente sein (vgl. Gebrauchstauglichkeit von Software 1 2011:139 f).

6.3.1.2   Selbstbeschreibungsfähigkeit

„Ein Dialog ist in dem Maße selbstbeschreibungsfähig, in dem für Benutzer zu jeder Zeit offensichtlich ist, in welchem Dialog, an welcher Stelle im Dialog er sich befindet, welche Handlungen unternommen werden können und wie diese ausgeführt werden können"
(Gebrauchstauglichkeit von Software 1 2011:141).

Während der Nutzung des Systems sollte minimal auf Handbücher und andere externe Hilfen zurückgegriffen werden. Die bei jedem

---

[26] z.B. aktueller Standort oder wiederkehrende Emailadresse
[27] z.B. automatische Anzeige der Stadt in Kombination mit der PLZ

Dialog angezeigten Informationen[28] sollten den Benutzer leiten, den Dialog erfolgreich abschließen zu können.

Das System sollte auf Eingaben hinweisen die es erwartet und einen Überblick über die nächsten Dialogschritte geben[29]. Es sollte Informationen über die zu erwartende Eingabe bereitstellen, wie bsw. erforderliche Formatierungen oder Einheiten (bsw. cm, $). Dialoge sollten so gestaltet sein, dass die Interaktion für den Benutzer offensichtlich ist (vgl. Gebrauchstauglichkeit von Software 1 2011:141).

6.3.1.3 Erwartungskonformität

„Ein Dialog ist erwartungskonform, wenn er aus dem Nutzungskontext heraus vorhersehbaren Benutzerbelangen entspricht sowie allgemein anerkannten Konventionen entspricht" (Gebrauchstauglichkeit von Software 1 2011:142).

„Die Software muss den Kenntnissen und Erfahrungen der Benutzer entsprechen. Dazu gehören beispielsweise die Kenntnisse aus dem Arbeitsgebiet des Benutzers, seine Ausbildung und seine Erfahrung ..." (Verwaltungs-Berufsgenossenschaft 2003:7).

„Ein System sollte Vokabular verwenden, das dem Benutzer bei der Ausführung der Arbeitsaufgabe vertraut ist oder von ihm auf Grund seiner Kenntnisse und Erfahrungen verwendet wird"[30] oder übliches Vokabular darstellt. *„Auf Handlungen des Benutzers sollte unmittelbar eine passende Rückmeldung folgen, soweit dies*

---

[28] Informationen wie bsw. Anleitungen, Rückmeldungen, Zustandsinformationen oder beschriftete Tasten.

[29] Beispiel: Ein WCMS weist den Benutzer beim Update von Erweiterungen darauf hin, dass im nächsten Schritt die Tabellen in der Datenbank aktualisiert werden müssen.

[30] Diese Forderung ist sehr individuell.

den Erwartungen des Nutzers entspricht" (Gebrauchstauglichkeit von Software 1 2011:142).[31]

Ist eine erhebliche Abweichung seitens des Systems von der vom der vom Benutzer erwarteten Antwortzeit zu erwarten, dann sollte der Benutzer hiervon unterrichtet werden[32].

Die Art und Länge von Rückmeldungen oder Erläuterungen sollte den Benutzerbelangen entsprechen[33]

Die Bedienung eines Systems sollte über vergleichbare Aufgaben hinweg konsistent sein, damit der Benutzer sie routiniert durchführen kann. Eine bestimmte Eingabeposition, die vorhersehbar ist, sollte für die Eingaben voreingestellt sein[34]. Rückmeldungen sollten objektiv und konstruktiv formuliert sein (vgl. Gebrauchstauglichkeit von Software 1 2011:142 f).

6.3.1.4 Lernförderlichkeit

Ein Dialog ist lernförderlich, wenn der Benutzer beim Erlernen der Nutzung des interaktiven Systems unterstützt und angeleitet wird. Regeln und zugrunde liegende Konzepte die für das Erlernen nützlich sind, sollten dem Nutzer zugänglich gemacht werden[35], damit ein Benutzer eigene Ordnungsschemata und Merkregeln aufbauen kann. Wird ein Dialog selten Gebraucht und sollte eine geeignete Unterstützung erforderlich sein, sollte sie bereitgestellt werden. Das führt dazu, dass der Benutzer mit dem Dialog vertraut wird[36]. Je nach Benutzer kann der Unterstützungsbedarf unterschiedlich ausfallen. Das System sollte durch Rückmeldungen

---

[31] Z.B. ein Hinweis über den erfolgreichen Updateprozess des WCMS.

[32] Beispiel: Der Updateprozess des WCMS dauert noch 3 Min.

[33] Hilfeinformationen orientieren sich am Schwierigkeitsgrad und beschreiben komplexe Arbeitsaufgaben bei Bedarf.

[34] Beispiel: Das erste Feld im Formular erhält automatisch den Tastaturfokus.

[35] Darunter fallen nach Auffassung des Autors Live-Demoversionen, die vorab getestet oder ein Dialogschritt kann durch Drücken der Eingabetaste abgeschlossen werden.

[36] Das könnten Anleitungen in Form eines FAQ sein oder eine Systeminterne Hilfe.

und Erläuterungen dabei helfen, ein konzeptionelles Verständnis vom interaktiven System zu bilden. Dialoge sollten grundsätzlich so gestaltet sein, dass sie sowohl für Anfänger sowie für erfahrene Benutzer geeignet sind und ausreichende Rückmeldungen über Zwischen- und Endergebnisse von Handlungen bereitstellen, damit Benutzer aus erfolgreich ausgeführten Handlungen lernen können. Falls es zu den Arbeitsaufgaben und Lernzielen passt, dann sollte das System dem Nutzer erlauben, Dialogschritte ohne nachteilige Auswirkungen neu auszuprobieren[37]. Ein System sollte es immer ermöglichen, eine Arbeitsaufgabe mit minimalen Lernaufwand auszuführen, indem es den Dialog mit minimaler Eingabe von Informationen ermöglicht[38], bei Bedarf jedoch zusätzlich Informationen bereitstellt (vgl. Gebrauchstauglichkeit von Software 1 2011:143 f).

6.3.1.5 Steuerbarkeit

„Ein Dialog ist steuerbar, wenn der Benutzer in der Lage ist, den Dialogablauf zu starten sowie seine Richtung und Geschwindigkeit zu beeinflussen, bis das Ziel erreicht ist" (Gebrauchstauglichkeit von Software 1 2011:144).

Der Benutzer sollte die Steuerung darüber haben, wie ein Dialog fortgesetzt wird. Er sollte ebenfalls die Möglichkeit haben, den Wiederaufnahmepunkt der Fortsetzung des Dialoges zu bestimmen, falls der Dialog unterbrochen wurde und es die Arbeitsaufgabe erlaubt. Es sollte eine Möglichkeit besteht, wenigstens den letzten Dialogschritt zurückzunehmen. Der Benutzer sollte die Möglichkeit haben, die Anzeige der dargestellten Datenmenge zu steuern, wenn diese für eine Arbeitsaufgabe von Bedeutung ist. Dem Benutzer sollte ebenfalls die Möglichkeit gegeben werden,

---

[37] Das kann durch betätigen einer „Undo-Taste" geschehen.

[38] Beispiel: Der Updateprozess wird durch einfaches drücken des Update-Buttons gestartet oder durch drücken der Eingabetaste kann ein Dialogschritt abgeschlossen werden.

dort wo es geeignet ist, verfügbare Eingabe-/Ausgabemittel zu nutzen[39]. Voreingestellte Werte sollten geändert werden können (vgl. Gebrauchstauglichkeit von Software 1 2011:144 f).

6.3.1.6 Fehlertoleranz

"Ein Dialog ist fehlertolerant, wenn das beabsichtigte Arbeitsergebnis trotz erkennbarer, fehlerhafter Eingaben entweder mit keinem oder mit minimalem Korrekturaufwand seitens des Benutzers erreicht werden kann" (Gebrauchstauglichkeit von Software 1 2011:145). Dies wird erreicht durch Fehlererkennung und -vermeidung, Fehlerkorrektur oder Fehlermanagement.

Ein fehlertolerantes System unterstützt den Benutzer dabei, Eingabefehler zu entdecken und zu vermeiden[40] und gibt ihm eine Erläuterung, um den Fehler leichter beseitigen zu können. Ein System sollte verhindern, dass Systemabbrüche oder undefinierte Systemzustände aus einer Benutzer-Handlung resultieren. Sollen sich aus einer Benutzerhandlung schwerwiegende Auswirkungen ergeben, sollte das System eine Bestätigung anfordern, bevor die Handlung ausgeführt wird [41]. Das System sollte Erläuterungen bereitstellen, um die Fehlerbeseitigung zu erleichtern. Die aktive Unterstützung zur Fehlerbehebung[42] sollte dort zur Verfügung stehen, wo der Fehler aufgetreten ist. Die zur Fehlerkorrektur nötigen Schritte sollten minimiert sein. Wenn eine automatische Fehlerkorrektur seitens des Systems vorgenommen wird, sollte es den Benutzer über die Ausführung der Korrektur informieren und ihm Gelegenheit geben, zu korrigieren. Auf Verlangen sollten weiterführende Informationen zum Fehler und seiner Behebung zur Verfügung gestellt werden. Bevor eine Verarbeitung der Daten statt-

---

[39] Die Suchfunktion sollte mit der Eingabetaste oder einem Klick auf das Lupensymbol gestartet werden können.
[40] Das kann schon ein Hinweis auf ein Pflichtfeld sein, welches ausgefüllt werden muss.
[41] „Wenn Sie bestätigen wird die Seite gelöscht".
[42] Die Positionsmarke befindet sich dort wo die Korrektur nötig ist.

findet, sollte das System die Daten auf Gültigkeit und Korrektheit prüfen (vgl. Gebrauchstauglichkeit von Software 1 2011:145 f).

6.3.1.7 Individualisierbarkeit

„Ein Dialog ist dann individualisierbar, wenn Benutzer die Mensch-System-Interaktion und die Darstellung von Informationen ändern können, um diese an ihre individuellen Fähigkeiten und Bedürfnisse anzupassen" (Gebrauchstauglichkeit von Software 1 2011:146).

Dort, wo typischerweise unterschiedliche Benutzerbelange vorkommen, sollten dem Benutzer Techniken zur individuellen Anpassung bereitgestellt werden.

Das System sollte es dem Benutzer ermöglichen, zwischen verschiedenen Formen der Darstellung zu wählen, wenn es zweckmäßig ist[43]. „Der Umfang von Erläuterungen (z.B. Details in Fehlermeldungen) sollte entsprechend dem individuellen Wissen des Benutzers veränderbar sein"[44]. Es sollte die Möglichkeit bestehen, soweit zweckmäßig eigenes Vokabular einzubinden, um Objekte und Funktionen individuell benennen zu können. Weiterhin sollten unterschiedliche Dialogtechniken angeboten werden, wenn der Benutzer bsw. eine direkte Eingabe in einem Feld eingeben möchte, ohne dass er gezwungen ist, sie aus einer Liste auszuwählen. Das Niveau und die Methoden der Mensch-System-Interaktion sollten so ausgewählt werden können, dass es den individuellen Bedürfnissen entspricht.[45] Ebenso sollte der Benutzer im Hinblick auf Format und Typ die Art auswählen können, wie Eingabe und Ausgabedaten dargestellt werden sollen (vgl. Gebrauchstauglichkeit von Software 1 2011:146 ff).

---

[43] Beispielsweise der Einsatz eines Screen Readers für Personen mit Sehschwäche.

[44] Indem man bsw. die systeminterne Hilfe für Experten abschaltet.

[45] Datei speichern über eine Menüoption oder über ein Symbol oder ein Tastaturkürzel.

6.4 Leitlinien zur Informationsdarstellung – ISO 9241-12

Diese Richtlinie ist ebenfalls Bestandteil des Konzeptes der Gebrauchstauglichkeit und befasst sich mit den Merkmalen von dargestellten Informationen, die enorme Auswirkung auf die Benutzer haben.

6.4.1 Klarheit

bedeutet, dass die angezeigten Informationen schnell und genau vermittelt werden sollen (vgl. Gebrauchstauglichkeit von Software 1 2011:45).

6.4.2 Unterscheidbarkeit

meint, dass die angezeigten Informationen genau zu unterscheiden sein müssen (vgl. Gebrauchstauglichkeit von Software 1 2011:45).

6.4.3 Kompaktheit

Es sollen einzig und allein die relevanten Informationen angezeigt werden, die für das Erledigen einer Aufgabe notwendig sind (vgl. Gebrauchstauglichkeit von Software 1 2011:45).

6.4.4 Erkennbarkeit

soll die Aufmerksamkeit des Benutzers auf die benötigten Informationen lenken (vgl. Gebrauchstauglichkeit von Software 1 2011:45).

6.4.5 Lesbarkeit

meint einfach, dass Informationen leicht zu lesen sein sollten (vgl. Gebrauchstauglichkeit von Software 1 2011:45).

6.4.6 Verständlichkeit

Eindeutig interpretierbare Informationen werden bereitgestellt, die leicht zu verstehen sind (vgl. Gebrauchstauglichkeit von Software 1 2011:45).

7 Normen zu Interaktionstechniken 9241-140 bis 149

„Diese Unterreihe beinhaltet Leitlinien zu unterschiedlichen Techniken, die zur Unterstützung der Dialoge im Rahmen der Mensch-System-Interaktion angewendet werden" (vgl. Gebrauchstauglichkeit von Software 1 2011:47). Dem Benutzer eines WCMS stehen die nachfolgend genannten Möglichkeiten zur Verfügung, mit denen er mit dem System interagieren kann.

7.1 ISO 9241-14 – Dialogführung mittels Menüs
In Menü-Dialogen bietet das System dem Benutzer eine oder mehrere Optionen an, von denen er eine oder mehrere auswählen kann, damit der Computer den gewünschten Prozess ausführt, der durch die Optionen angezeigt wurde (vgl. Gebrauchstauglichkeit von Software 1 2011:47).

7.2 ISO 9241-15 – Dialogführung mittels Kommandosprachen
Hierbei geben Benutzer Befehle in Form einer Syntax ein, darunter versteht man die Kommandosprache des Systems. Dadurch ist es möglich bestimmte Aktionen auszuführen (vgl. Gebrauchstauglichkeit von Software 1 2011:47).

7.3 ISO 9241-16 – Dialogführung mittels direkter Manipulation
Hierbei kann der Benutzer Operationen dadurch auslösen, dass auf dem Bildschirm angezeigte Objekte (z.B. Schieberegler) ähnlich wie physikalische Gegenstände behandelt werden (vgl. Gebrauchstauglichkeit von Software 1 2011:47).

7.4 ISO 9241-17 – Dialogführung mittels Bildschirmformularen
Bei dieser Form der Dialogführung füllen Benutzer Bildschirmformulare aus und wählen oder verändern Eingabewerte, die Auswirkung auf eine Aktion haben (vgl. Gebrauchstauglichkeit von Software 1 2011:48).

8 DIN EN ISO 9241-129 Leitlinien für die Individualisierung von Software

Individualisierung wird als einer von sieben Grundsätzen der Dialoggestaltung beschrieben, der im Konzept der Gebrauchstauglichkeit enthalten ist. Individualisierungsmöglichkeiten sollten angeboten werden, wenn die Benutzermerkmale variieren[46]. Dadurch erreicht man eine Verbesserung des Verstehens durch die Benutzer und befriedigt die Bedürfnisse in gelegentlichen Nutzungssituationen (vgl. Gebrauchstauglichkeit von Software 2 2011:178 f).

8.1 Sicherheitskritische Funktionen

Das System sollte es Benutzern nicht ermöglichen, schutzrelevante oder sicherheitskritische Funktionen auszuschalten oder auf ungeeignete Werte einzustellen. Ein System sollte Informationen zur Verfügung stellen, welche Risiken damit verbunden sind. (vgl. Gebrauchstauglichkeit von Software 2 2011:184).

8.2 Konfiguration

„Wenn auf Konfigurationseinstellungen zugegriffen werden kann, sollte es eine einzige Konfigurationsfunktion geben, mit der auf alle Einstellungen zugegriffen werden kann." (Gebrauchstauglichkeit von Software 2 2011:186)[47].

Darüber hinaus sollte die Möglichkeit einer geführten Konfiguration bestehen. Software sollte aber ebenfalls ohne erforderliche Erstkonfiguration verwendet werden können (vgl. Gebrauchstauglichkeit von Software 2 2011:187). Die Software sollte es dem Benutzer ermöglichen, Konfigurationsmaßnahmen in einem Bestätigungsschritt abzubrechen oder die Maßnahme rückgängig zu machen (vgl. Gebrauchstauglichkeit von Software 2 2011:187). Das System sollte eine Struktur anbieten, die eine anschauliche Übersicht über die Schritte der Konfigurationsreihenfolge zeigt und eine Fortschrittsanzeige der Konfiguration. Ebenso sollten Angaben über Einstel-

---

[46] Diese Tatsache trifft auf WCMS zu.

[47] In Contao sind standardmäßig Benutzergruppen definiert, auf die zugegriffen werden kann.

lungen angeboten werden, die vorkonfiguriert sind, aber abgeändert werden können[48]. Das System sollte Rückmeldungen über den Fortschritt der Konfiguration anzeigen und eine Hilfe zum besseren Verstehen und Korrigieren von Fehlern geben sowie Angaben über noch verbleibende Einstellungen machen, die noch einer Konfiguration bedürfen. Gegen Ende des Konfigurationsprozesses sollte eine Anzeige erscheinen, ob sie fehlgeschlagen ist oder erfolgreich war[49]. Ein System sollte Benutzern oder Systemadministratoren die Möglichkeit einräumen, Standardwerte für sämtliche Konfigurationseinstellungen festzulegen, zu ändern oder zu entfernen[50] (vgl. Gebrauchstauglichkeit von Software 2 2011:190).

8.3 Benutzerprofile

Benutzerprofile unterstützen die Individualisierung bei sich ändernden Benutzereigenschaften. Wenn vordefinierte Benutzerprofile oder vom Benutzer festgelegte Profile zur Individualisierung verwendet werden, sollten Angaben über das aktuell verwendete Profil bereitstehen. Das können Angaben über die Zugehörigkeit zu einer Benutzergruppe (bsw. Editor) mit den zur Verfügung gestellten individuellen Einstellungen sein (vgl. Gebrauchstauglichkeit von Software 2 2011:182).

Benutzerprofile sollten verwendet werden, um allgemeine Angaben zu speichern, einschließlich Konten-Namen und Passwörter, die dem Benutzer dabei helfen sollen, bei der Ausführung von Aufgaben Zeit zu sparen (vgl. Gebrauchstauglichkeit von Software 2 2011:191).

Profile auf der Grundlage von Stereotypen[51] dürfen angeboten werden, wenn ein Benutzer nicht über ein persönliches Profil verfügt. Ein System sollte über die Möglichkeit verfügen, Profile wiederherzustellen und zu archivieren, falls sie versehentlich gelöscht wurden (vgl. Gebrauchstauglichkeit von Software 2 2011:192 f).

---

[48] Beim Setup von Contao bsw. wird ein vorkonfiguriertes Theme vorgeschlagen, das später gegen ein individuelles ersetzt werden kann.

[49] Bsw. der Hinweis, dass es nicht möglich war, sich mit der Datenbank zu verbinden.

[50] Im WCMS Contao ist es bsw. möglich, sämtliche vorkonfigurierte Werte in den Systemeinstellungen zu ändern, wie bsw. die Speicherzeit für Undoschritte oder Datensätze.

[51] Bsw. Administrator, Editor, Grafiker.

8.4 Individualisierung von Schnittstellenkomponenten

Vom System darf eine Auswahl alternativer Schnittstellen-Stile angeboten werden (ebenfalls „Skins" genannt). Dadurch kann das Erscheinungsbild der Benutzerschnittstelle geändert werden. Die Stile können alle Elemente oder einzig und allein deren Attribute (z.B. Symbole, Farben, Fonts) umfassen (vgl. Gebrauchstauglichkeit von Software 2 2011:195).

8.4.1 Benutzerschnittstellen-Elemente

Es sollte die Möglichkeit geben, Benutzerschnittstellen-Elemente zu verbergen oder anzuzeigen, denn ein Benutzer könnte es bevorzugen, nicht erforderliche Benutzungsschnittstellen-Elemente zu entfernen (vgl. Gebrauchstauglichkeit von Software 2 2011:195).

8.4.2 Farbschemata

Der Benutzer sollte die Möglichkeit haben, kontrast- oder farbspezifische Anzeigeeigenschaften einstellen zu können. Dazu zählen Benutzungsschnittstellenelemente, verwendete Farbschemata einschließlich Farbkombinationen für Hinter- und Vordergrund (vgl. Gebrauchstauglichkeit von Software 1 2011:216).

8.4.3 Layout

Das Layout sollte ebenfalls individualisiert werden können, indem man Benutzungsschnittstellenelemente neu positionieren kann (vgl. Gebrauchstauglichkeit von Software 2 2011:197). Für WCMS besteht bsw. die Möglichkeit, ein optimiertes Backend Theme mit verändertem Layout einzusetzen, das kürzere Mauswege ermöglicht[52].

---

[52] Für das WCMS Contao gibt es eine Erweiterung namens theme_ab_optimized

8.5 Benutzerführung

8.5.1 Kontextsensitive Benutzerführung bei Online-Hilfe

Sollte der Benutzer auf Online-Hilfe angewiesen sein, dann sollte sie automatisch das Hilfethema auf Grundlage der Schnittstelle oder des Benutzungsschnittstellen-Elements auswählen, das zum Zeitpunkt des „Hilfeaufrufs" aktiv war (vgl. Gebrauchstauglichkeit von Software 2 2011:200).

8.5.2 Benutzersensitive Benutzerführung

Wenn Benutzerprofile verfügbar sind, sollte das System Inhalte auf dem für den aktuellen Benutzer angemessenen Niveau darstellen und bsw. Fehlermeldungen entsprechend des Kenntnisstandes des Benutzers formulieren (vgl. Gebrauchstauglichkeit von Software 2 2011:200).

8.6 Systeminterne Hilfe umgehen

Sollte das System systeminitiierte Hilfe anzeigen, so sollte es eine Möglichkeit für erfahrene Benutzer geben, diese bei Bedarf zu deaktivieren (vgl. Gebrauchstauglichkeit von Software 2 2011:200).

8.7 Individualisierung der Darstellung von Inhalten

Wenn es für eine Arbeitsaufgabe angemessen erscheint, sollte es eine Möglichkeit geben, die Organisation und Darstellung von Inhalten zu unterstützen. Das kann durch das Filtern oder Verbergen von Inhalten oder durch Kommentierung geschehen.

8.8 Berücksichtigung der Aufgaben und des Informationsbedarfs

Ein System sollte bei unterschiedlichen Benutzergruppen den Aufgaben und dem Informationsbedarf entsprechend unterschiedliche Navigationsstrukturen anbieten[53] (vgl. Gebrauchstauglichkeit von Software 2 2011:202).

---

[53] Bezogen auf ein WCMS kann Administratoren gegenüber Editoren im Backend eine umfangreichere Menüstruktur zur Verfügung gestellt werden, die sich an ihren Aufgaben orientiert.

9 Formulardialoge DIN 9241-143

"Formulardialoge, einschließlich Dialogboxen eignen sich für strukturierte dateneingabebezogene Arbeitsaufgaben, die eine Eingabe von mehreren Datenelementen erfordern. Eine Hauptanwendung ist die Eingabe von Informationen in am Rechner angezeigte Formulare" (Gebrauchstauglichkeit von Software 2 2011:249).

Dialogboxen werden bei komplexen Datenabfragen eingesetzt, wobei vorgegebene Parameterfelder ausgefüllt werden, anstatt diese über eine Kommandosprache einzugeben, da es den Benutzern leichter fällt (vgl. Gebrauchstauglichkeit von Software 2 2011:249). Benutzer im Backend wie im Frontend sind mit Formularen konfrontiert, weshalb die Erkenntnisse dieses Kapitels für beide Gruppen relevant sind.

9.1 Übersicht über die Struktur eines Formulars
Es ist von Vorteil, wenn dem Benutzer bei einem komplexen Formular eine Übersicht über die Struktur zur Verfügung steht.

9.2 Modale Dialogboxen
Sollen weitere Aktionen verhindert werden, bis eine bestimmte Bedingung erfüllt ist, sollten modale Dialogboxen verwendet werden. Im Gegensatz zu nicht-modalen Dialogboxen kann der Benutzer hierbei nicht zwischen dem Dialog und der Anwendung hin und her wechseln. „Ein modaler Dialog wird angezeigt, um den Benutzer aufzufordern, Daten zu speichern, die ansonsten verloren gehen würden, wenn der Benutzer das Fenster schließt" (vgl. Gebrauchstauglichkeit von Software 2 2011:252).

9.3 Informationsdarstellung
9.3.1 Reihenfolge von Pflichtfeldern und optionalen Feldern
Pflichtfelder sollten innerhalb einer funktionalen oder logischen Gruppierung von Feldern an den Anfang gestellt werden, solange dies nicht die Konsistenz beeinträchtigt (vgl. Gebrauchstauglichkeit von Software 2 2011:253).

9.3.2 Ausrichtung numerischer Felder

Numerische Felder sollten rechtsbündig ausgerichtet sein (vgl. Gebrauchstauglichkeit von Software 2 2011:253).

9.3.3 Zulässige Feldwerte

Der Benutzer sollte Informationen über die zu erwartende Eingabe erhalten. Entweder im Formular selbst oder auf Verlangen (vgl. Gebrauchstauglichkeit von Software 2 2011:253).

9.4 Symbole oder Einheiten

Für die Auslegung der zu erwartenden Daten sollten Symbole oder zusätzliche Beschriftungen erfolgen wie bsw: $, %, cm, km/h. Alle Feldbeschriftungen sollten mit Großbuchstaben beginnen (vgl. Gebrauchstauglichkeit von Software 2 2011:257).

9.5 Ausrichtung und Beschriftung von Formularelementen
9.5.1 Benennung von Elementen und Elementgruppen

Alle Elemente und Elementgruppen müssen mit Namen versehen sein, unabhängig davon, ob sie visuell dargestellt sind (vgl. Gebrauchstauglichkeit von Software 2 2011:253).

9.5.2 Alphanumerische- und Textfelder

Wenn alphanumerische- oder Textfelder vertikal ausgerichtet sind und die Länge der Beschriftungen deutliche Unterschiede aufweisen, sollte die Beschriftung rechtsbündig und die Felder linksbündig ausgerichtet werden oder die Felder linksbündig und die Beschriftung oberhalb der Felder angeordnet werden (vgl. Gebrauchstauglichkeit von Software 2 2011:254).

Wenn alphanumerische- oder Textfelder vertikal ausgerichtet sind und ihre Beschriftungen keine deutlichen Unterschiede aufweisen, kann beides links ausgerichtet werden (vgl. Gebrauchstauglichkeit von Software 2 2011:254).

9.5.3 Radio Buttons und Kontrollkästchen

Sie sollten einheitlich auf der rechten Seite beschriftet sein oder wenn sie ausreichend groß sind, ebenfalls innerhalb. (vgl. Gebrauchstauglichkeit von Software 2 2011:255).

9.5.4 Beschriftung bei Gruppen von Feldern

Sind Felder in Gruppen eingeteilt, sollte die Beschriftung der Gruppe am Anfang der Gruppe angegeben werden (vgl. Gebrauchstauglichkeit von Software 2 2011:255).

9.5.5 Großschreibung bei Feldbeschriftungen

Aus Gründen der Lesbarkeit sollten Beschriftungen von Textfeldern mit Großbuchstaben beginnen (vgl. Gebrauchstauglichkeit von Software 2 2011:257).

9.6 Darstellung optionaler und Pflichtfelder, geschützter Felder und Eingabefelder

Links neben der Beschriftung für Pflichteinträge muss aus Gründen der Unterscheidbarkeit zu optionalen Feldern ein Sternchen gesetzt werden. Der Rahmen für Pflichtfelder muss in einer dickeren Linienart gelegt werden, um sie von den optionalen Feldern unterscheiden zu können. Geschützte Felder weisen dieselbe Hintergrundfarbe wie die Dialogbox auf und Eingabefelder eine abweichende Farbgebung (vgl. Gebrauchstauglichkeit von Software 2 2011:258 f).

9.7 Eingabeformat bei Formularfeldern

Hinweise für Dateneingabeformate sollten innerhalb des Eingabefeldes oder in den Feldbeschriftungen angegeben werden und bei der Verwendung von Abkürzungen sollte es für den Benutzer erkennbar sein, wofür sie stehen (vgl. Gebrauchstauglichkeit von Software 2 2011:259).

9.8 Eingabehinweise bei Schaltflächen

Schaltflächen sollten mit visuellen Eingabehinweisen versehen sein, die anzeigen, ob ein Befehl sofort ausgeführt wird oder weitere Eingaben vorgenommen werden müssen. Diese visuellen Hinweise sind bsw. Auslassungspunkte (...), sie weisen auf einen weiteren Dialog hin, bevor der Befehl ausgeführt wird (vgl. Gebrauchstauglichkeit von Software 2 2011:260).

9.9 Navigation in den Feldern

Um zum nächsten Feld zu springen, sollte der Benutzer die Tabulatortaste verwenden können (vgl. Gebrauchstauglichkeit von Software 2 2011:260), dadurch sollen Cursorbewegungen auf ein Mindestmaß reduziert werden (vgl. Gebrauchstauglichkeit von Software 2 2011:266). Alle Formularelemente sollten mit Hilfe der Maus oder Tastatur zu betätigen sein (vgl. Gebrauchstauglichkeit von Software 2 2011:264).

Wenn ein Formularfeld vollständig ausgefüllt ist, sollte ein automatisches Weiterspringen des Cursors auf das Folgefeld vorgesehen werden. Für eine nötige Fehlerkorrektur sollte ein Rückwärtsspringen unterstützt werden (vgl. Gebrauchstauglichkeit von Software 2 2011:261).

9.10 Formularbereiche

9.10.1 Sich gegenseitig ausschließende Felder

Wenn sich Formularfelder gegenseitig ausschließen, sollte es möglich sein, die verbliebenen Felder überspringen zu können, sobald eine Eingabe im entsprechenden Feld erfolgt ist (vgl. Gebrauchstauglichkeit von Software 2 2011:261).

9.10.2 Navigation in Formularbereichen

Ist ein Formular in mehrere Bereiche aufgeteilt, sollte es möglich sein, von Gruppe zu Gruppe springen zu können, ohne alle Felder einer Gruppe durchlaufen zu müssen (vgl. Gebrauchstauglichkeit von Software 2 2011:261).

9.10.3 Bildlauf des Feldinhalts

Sollte der eingegebene Text länger als das Formularfeld sein, sollte eine Möglichkeit zum Bildlauf bereitgestellt werden (vgl. Gebrauchstauglichkeit von Software 2 2011:262).

9.11 Eingabefokus und Cursor

9.11.1 Ausgangsposition des Fokus

Wenn das Formular erstmalig angezeigt wird, sollte der Fokus-Indikator automatisch am ersten Eingabefeld positioniert werden, das durch den Benutzer ausgefüllt werden soll (vgl. Gebrauchstauglichkeit von Software 2 2011:262).

9.11.2 Indirektes Wiedererlangen des Tastaturfokus

Wenn ein Textfeld den Tastaturfokus verloren hat und ihn wiedererhält, sollte der Textindikator an derselben Stelle erscheinen, die er vorher innehatte, als das Textfeld den Tastaturfokus verlor (vgl. Gebrauchstauglichkeit von Software 2 2011:263).

9.11.3 Indikatoren und Cursor bei Mehrfach- und Einfachauswahl

Wird ein Listenfeld für die Mehrfachauswahl bearbeitet, sollte der Auswahlcursor auf dem ersten Element des Listenfeldes liegen, und für jedes ausgewählte Element im Listenfeld sollte eine Selektionsmarke vorliegen (vgl. Gebrauchstauglichkeit von Software 2 2011:264). Ist eine voreingestellte Auswahl für die Arbeitsaufgabe unangemessen, sollte keine Selektionsmarke vorliegen, aber dennoch sollte sich der Auswahlcursor auf dem ersten Element der Liste befinden (vgl. Gebrauchstauglichkeit von Software 2 2011:265).

9.12 Benutzersteuerung

9.12.1 Änderungen und Korrekturen

Dem Benutzer sollte es ermöglicht werden, das Formular in den Ausgangszustand zurückzusetzen und erneut zu beginnen, bevor die eingegebenen Daten in einer Datenbank verarbeitet werden (vgl. Gebrauchstauglichkeit von Software 2 2011:267), bsw. über die Funktion „Abbrechen" oder „nicht speichern".

9.12.2 Identifikation und Lokalisierung von Fehlern

Fehlerhafte Felder sollten dem Benutzer angezeigt[54] werden und der Cursor sollte in das erste fehlerhafte Feld gesetzt werden (vgl. Gebrauchstauglichkeit von Software 2 2011:267).

9.12.3 Angaben zur Benutzersteuerung

Es muss eine Möglichkeit geben, Formulare zu schließen, ohne dass Daten im System verändert werden. Dies kann mit Hilfe der „Esc" – oder „Abbrechen" –Funktion ermöglicht werden.

9.13 Rückmeldungen

9.13.1 Fokus-Indikator

Es muss ein erkennbarer Fokus-Indikator bereitgestellt werden, damit der Benutzer erkennt, welches Formularfeld aktuell den Tastaturfokus hat (vgl. Gebrauchstauglichkeit von Software 2 2011:270).

9.13.2 Fehler in Feldern

Sobald ein Benutzer eine fehlerhafte Dateneingabe in einem Formularfeld abschließt, sollte eine sofortige Rückmeldung auf das fehlerhafte Feld durch Hervorhebung angeboten werden und ein Hinweis auf die Art des Fehlers und eine korrekte Eingabemöglichkeit (vgl. Gebrauchstauglichkeit von Software 2 201:270).

9.13.3 Modifikation des Datenbestandes einer Datenbank

Der Benutzer sollte eine Rückmeldung darüber erhalten, dass der Datenbestand einer Datenbank aktualisiert wurde (vgl. Gebrauchstauglichkeit von Software 2 2011:270).

---

[54] Das kann durch Sternchen oder visuelle Hervorhebungen gekennzeichnet werden.

9.14 Zugriffsmechanismen bei Formularen
9.14.1 Direktzugriff

Es muss ein Mechanismus zur Verfügung gestellt werden, der einen direkten Zugriff auf einzelne Formulare über den Namen oder die Auswahl aus einem Menü zulässt, z.B. in Form einer Auflistung in Baumstruktur (vgl. Gebrauchstauglichkeit von Software 2 2011:270).

9.14.2 Rückkehr zum Ausgangsformular

Solange ein Formular noch nicht abgesendet wurde, sollte ein Benutzer bei einer hierarchisch strukturierten Gruppe von Formularen, von jedem Formular in der Hierarchie zum Ausgangsformular (d.h. das Formular der obersten Ausgangsstufe) zurückkehren können (vgl. Gebrauchstauglichkeit von Software 2 201:271).

9.15 Default Aktionen für Formularelemente
9.15.1 Defaultaktionen

„Wenn Default-Aktionen für die Ausführung der Arbeitsaufgabe von Vorteil sind, sollten sie für die Elemente in der Dialogbox oder dem Formular definiert werden" (Gebrauchstauglichkeit von Software 2 2011:273).

9.15.2 Eingabehinweise für Default-Aktionen

Wenn Default-Aktionen angewendet werden, sollten Schaltflächen, die damit assoziiert sind, über einen visuellen Eingabehinweis verfügen der anzeigt, dass es sich um eine Voreinstellung handelt, z.B. in Form einer versenkten Umrandung der aktuellen Schaltfläche. Default-Aktionen sollten durch eine einheitliche Benutzeraktion ausgelöst werden können, wie bsw. durch das Drücken der Entertaste oder einen Mausklick (vgl. Gebrauchstauglichkeit von Software 2 2011:274).

9.16 Validierung von Daten in Formularfeldern
9.16.1 Einzelfeldvalidierung

Ein System sollte die Eingaben aller Feldinhalte vor deren Aufnahme auf der Grundlage prüfen, die für das jeweilige Feld definiert wurden (vgl. Gebrauchstauglichkeit von Software 2 2011:275).

9.16.2 Mehrfeldvalidierung

Bei so genannten „Schlüsselfeldern" liegt eine Abhängigkeit zwischen mehreren Feldern vor. Dort sollte das System eine Überprüfung vornehmen, um sicherzustellen, dass der entsprechende Wert nicht bereits zuvor bei einem anderen Feld verwendet wurde (vgl. Gebrauchstauglichkeit von Software 2 201:276).

9.17 Auswahl von Formularelementen

9.17.1 Radiobuttons

Sie sollten ihr Erscheinungsbild in Abhängigkeit von ihrem Zustand ändern (vgl. Gebrauchstauglichkeit von Software 2 2011:278).

9.17.2 Listenfelder für die Einfach- und Mehrfachauswahl

Sie sollten eingesetzt werden, wenn mehr als 5 Einträge vorliegen, da es von Vorteil ist, eine große Anzahl von Auswahlmöglichkeiten gleichzeitig sehen zu können. Es sollte ausreichend Raum für die gleichzeitige Anzeige von 3 oder mehr Einträgen ohne Bildlauf zur Verfügung stehen (vgl. Gebrauchstauglichkeit von Software 2 2011:279).

9.18 Mehrzeilige Textfelder

Die Anzeige oder Eingabe von längeren Texten, die über den Textbereich hinausgehen, sollte durch einen Bildlaufmechanismus unterstützt werden, ebenso bei numerischen Feldern. Die Größe eines mehrzeiligen Eingabebereiches sollte klar angegeben sein (bsw. durch einen Rahmen und den Hinweis auf die max. mögliche Anzahl von Zeichen). Es sollte ein automatischer Umbruch möglich sein, damit Wörter nicht auseinandergerissen werden (vgl. Gebrauchstauglichkeit von Software 2 2011:286 f).

9.19 Layout von Radiobuttons und Kontrollkästchen

Alle Auswahl-Schaltflächen (Radiobuttons und Kontrollkästchen) sollten in einer Gruppe vertikal ausgerichtet werden (vgl. Gebrauchstauglichkeit von Software 2 2011: 288).

9.20 Auswahl von Elementen

Müssen Benutzer alle Einträge einer Liste auswählen, sollte ein Mechanismus für die rasche Auswahl aller Einträge zur Verfügung stehen; das kann durch eine Schaltfläche mit der Beschriftung „Alle auswählen" erfolgen. Gleiches gilt für die Abwahl alle Einträge (vgl. Gebrauchstauglichkeit von Software 2 2011:290 f).

10 Web Usability

Traditionell kommt Usability aus den Ingenieurwissenschaften. Dort sollte durch gezielte Maßnahmen im Bereich des Designs, der Implementierung und des Testens die intuitive Bedienbarkeit erhöht werden. Menschen sollten Programme auf Basis ihrer bisher gemachten Erfahrungen und durch bereits bekannte Konzepte verwenden können, um ihre Aufgaben schnell und unkompliziert erledigen zu können (vgl. Manhartsberger, Musil 2001:38 f).

Die unter diesem Begriff Web Usability vereinten Anforderungen beschreiben Standards für Webseiten, die in der DIN 9241-151 „Leitlinien zur Gestaltung von Benutzungsschnittstellen für das World Wide Web" zusammengefasst sind.

„Eine schlecht gemachte Webseite verursacht nicht einzig und allein ein ungutes Gefühl bei der Benutzung, sondern hält mit großer Wahrscheinlichkeit die Mehrheit der Benutzer davon ab, etwas zu kaufen oder wiederzukommen."
(Manhartsberger, Musil 2001:32).

„Usability ist ein Qualitätsmerkmal, wie einfach etwas zu benutzen ist. Es geht genauer gesagt darum, wie schnell Menschen die Benutzung eines Gegenstandes erlernen können, wie effizient sie während seiner Nutzung sind, wie leicht sie sich diese merken können, wie fehleranfällig der Gegenstand ist und wie er den Nutzern gefällt."
(Nielsen,Loranger 2006:xvi)

Bei der Web Usability stehen nicht einzig und allein funktionale Aspekte im Vordergrund sondern „es wird ebenfalls versucht, typisch menschliche Verhaltensweisen im Design des Interface zu berücksichtigen".
(vgl. Broschart 2011:329)

Im deutschen Sprachgebrauch wird Usability am treffendsten mit dem Begriff der „Gebrauchstauglichkeit" übersetzt (vgl. handbuch-usability.de), dieser wurde bereits in Kapitel sechs definiert.

Die Fokussierung auf den Benutzer und seine Fähigkeiten, ist bereits im Begriff selbst enthalten. Das wird deutlich, wenn man sich dem Begriff über den englischen Wortstamm nähert.

to use = benutzen, gebrauchen, verwenden
the ability= die Möglichkeit

Use the ability= „Nutze die Möglichkeiten" (vgl. Handbuch Usability).

Da jedes WCMS, wie bereits erwähnt, die Realisierungsmöglichkeiten in Bezug auf benutzerfreundliche Webseiten im Frontend einschränkt, werden in diesem Kapitel Aspekte der Web Usability analysiert. Sie geben Aufschluss über die funktionale Beschaffenheit eines WCMS, damit eine benutzerfreundliche Ausgabe der Webseite im Frontend möglich ist. Der Autor weist darauf hin, dass einige Web Usability Aspekte gleichfalls für das Backend relevant sind. Orientierung auf der Webseite[55]

Die Navigation dient dazu, sich rasch auf einer Seite zu orientieren und gewünschte Inhalte innerhalb einer gegebenen Struktur möglichst rasch zu finden (vgl. Manhartsberger, Musil 2001:49). Benutzer sind es gewohnt, die Navigation links zu finden oder im Kopf der Seite. Es besteht ebenfalls die Möglichkeit der Kombination von Haupt- und Subnavigation. Ebenfalls diese Variante ist verständlich (vgl. Manhartsberger, Musil 2001:51,172). Es sollte für Besucher ersichtlich sein, auf welcher Seite sie sich befinden; dafür ist es nötig, dass der aktive Menüpunkt durch eine Markierung, wie bsw. ein optisches Feedback, hervorgehoben wird (vgl. Broschart 2011:349 >>ebenso<< Manhartsberger, Musil 2001:134).

---

[55] Es wurden einzig und allein Navigationsformen berücksichtigt, die positiv im Sinne der Web Usability zu bewerten sind.

10.1.1 Navigationen mit Rollover-Funktion

Sie rufen eine gewisse Unsicherheit durch einen Mouseover-Effekt beim Nutzer hervor, da diese Aktion automatisch hervorgerufen wird (vgl. Fischer 2009:569 f). Ähnlich verhält es sich mit Drop-Down-Menüs. Sie eignen sich aber zur Anzeige einer großen Anzahl an Unterdokumenten (vgl. Broschart 2011:352) und der Nutzer ist diese Art der Menüsteuerung von gängigen Windows-Programmen gewohnt, was ihren Einsatz rechtfertigt (vgl. Fischer 2009:574).

10.1.2 Treeviews

Sind ebenfalls aus der Windowsumgebung bekannt, verbrebenfallsen aber viel vertikalen Bildschirmplatz, sobald die untergeordneten Menüpunkte eines Oberpunktes angezeigt werden. Wenn die darzustellende Hierarchie sehr breit ist, dann verschwinden irgendwann die Überschriften. Sie eignen sich aber zur Darstellung in Dateisystemen oder Hierarchien in Informationssystemen (vgl. Manhartsberger, Musil 2001:224).

10.2 Menüs

10.2.1 Aufklappende Menüs

Diese kennen die Benutzer bereits aus der Windowsumgebung und werden daher sofort verstanden. Sie funktionieren im Web aber weniger gut als in einer Windowsumgebung, da sie langsamer reagieren. Sie sollten zudem nicht mehr als zwei Ebenen haben (vgl. Manhartsberger, Musil 2001:221).

10.2.2 Expandierende Menüs

Im Gegensatz dazu gibt ein expandierendes Menü dem Benutzer das Gefühl von Kontrolle. Es eignet sich daher für Webapplikationen, deren Bedienung aufgabenorientiert ist. Durch eine Auto-Close-Funktion wird der aktive Menüpunkt geschlossen, sobald man auf einen neuen Menüpunkt klickt. Der Nachteil dabei ist aber, dass sich die Struktur schlagartig ändert (vgl. Fischer 2009:570).

10.2.3 Pulldown Menüs

Sie wurden ursprünglich für Formulare entwickelt und sollten einzig und allein als zusätzliches Mittel eingesetzt werden, nie als einzige Möglichkeit, denn hier sind alle Einträge zunächst versteckt. Dadurch verhindert man, dass der Benutzer sofort einen Überblick über das Gesamte bekommt und er wird nicht unterstützt[56] (vgl. Manhartsberger, Musil 2001:222).

10.3 Breadcrumbs zur Navigationsunterstützung

Ist die hierarchische Struktur einer Webseite sehr tief, dann sollte der gesamte Pfad, ausgehende von der Startseite angezeigt werden, den der Benutzer bisher genommen hat (vgl. Manhartsberger, Musil 2001:50; >>ebenso<< Broschart 2011:349). Es sollte ihm möglich sein, in die nächst höhere Hierarchieebene zu wechseln. Daher sollten die einzelnen Hierarchieebenen in der Breadcrumbleiste verlinkt sein (vgl. Manhartsberger, Musil 2001:135).

Es sollte außerdem erkennbar sein, welche Teile des Breadcrumb anklickbar sind. Sie sollten unterstrichen dargestellt werden. Vor dem Breadcrumb sollte der Hinweis „Sie sind hier" stehen (vgl. Broschart 2011:349 f).

10.4 Hervorheben des aktiven Menüpunktes

Eine weitere Möglichkeit der Visualisierung besteht durch das farbliche Hervorheben der Navigation oder durch Einrücken des aktiven Menüpunktes. Der Hinweis „Sie befinden sich hier" vor dem Breadcrumb ist ebenfalls nützlich (vgl. Fischer 2009:572 ff).

10.5 Sitemap

Sitemaps sind Übersichten über eine ganze Webseite auf einer einzigen Seite und bestehen aus Textlinks (vgl. Manhartsberger, Musil 2001:137).

---

[56] Der Einsatz im Backend kann durchaus sinnvoll sein, um Platz zu sparen.

Hier kann sich der Besucher einen Eindruck über die Struktur einer Webseite verschaffen (vgl. Broschart 2011:353).

10.6 Verlinkung des Logos mit der Startseite

Diese Funktion ist weit verbreitet und stellt eine Konvention dar . Dem Benutzer muss die Möglichkeit gegeben werden, jederzeit zur Startseite zurückkehren zu können (vgl. Manhartsberger, Musil 2001:51,150), da sie als Ausgangspunkt der Webseite dient, um von dort wieder weiternavigieren zu können (vgl. Manhartsberger, Musil 2001:92 >>ebenso<< 2001:51,150).

10.7 Seitentitel

Er stellt für den Benutzer ein Navigationselement dar, sobald er die Seite als Favorit markiert und erinnert den Benutzer daran, welche Webseite sich hinter dem Menüeintrag verbirgt (vgl. Manhartsberger, Musil 2001:138).

10.8 Sprechende URL

Hierbei handelt es sich um eine parameterlose Webadresse anstelle einer dynamischen Webadresse. Sie wird durch ein Rewrite-Modul auf dem Webserver ermöglicht. Für WCMS sind Erweiterungen vorhanden, falls sie diese Funktion nicht von Haus aus mitbringen
 (vgl. Broschart 2011:293; >>ebenso<< Winkler 2008:238).

CMS erzeugen häufig dynamische URLs, die nicht gleich bleiben und daher ebenfalls nicht als Favorit verwendet werden können, was sich auf die Usability einer Seite auswirkt (vgl. Manhartsberger, Musil 2001:342).

10.9 Bestätigungsemails

Gerade bei Onlinegeschäften ist es zur Normalität geworden, eine Bestätigungsemail nach vollzogener Bestellung zu erhalten. Das hat zudem juristische Gründe (vgl. Fischer 2009:499).

In diesem Zusammenhang ist es für wiederkehrende Kunden eines Onlineshops benutzerfreundlich, sich einmalig mit ihren Daten registrieren zu können (vgl. Fischer 2009:501).

10.10 Opt-in bei Newslettern

Hierfür benötigt man laut EU Datenschutzdirektive das Einverständnis des Benutzers. Daher darf man keine unerwünschte, weil nicht bestellte E-Mail versenden, denn der Benutzer muss sein Einverständnis aktiv geben (vgl. Manhartsberger, Musil 2001:288).

10.11 Kontaktformulare und Kontaktmöglichkeiten

Kontaktmöglichkeiten in Form eines Formulars dürfen auf keiner Seite fehlen (vgl. Manhartsberger, Musil 2001:51,150). Sie bieten den Vorteil, dass Nachrichten ebenfalls ohne den Einsatz eines Emailclients verschickt werden können, wenn die Benutzer nicht vor ihrem PC sitzen (vgl. Manhartsberger, Musil 2001:277). Nachdem das Formular abgesendet wurde, muss eine Bestätigungsseite angezeigt werden, dadurch erhält der Benutzer sofort Feedback während der Interaktion (vgl. Manhartsberger, Musil 2001:234). In diesem Zusammenhang sind Anforderungen für Formulardialoge aus dem vorherigen Kapitel zu beachten.

10.12 Bereitstellen von PDF Dokumenten

Kann ein Inhalt nicht als HTML Dokument angeboten werden, muss ein Benutzer ihn herunterladen oder sich im Web anschauen können (vgl. Manhartsberger, Musil 2001:235). Der Einsatz von PDF Dokumenten hat, nebenbei erwähnt, Auswirkungen auf das Ranking.

10.13 Plug-ins für Java Script

Hat der Benutzer diese nicht installiert, kann die Webseite nicht genutzt werden, da bsw. die Hauptnavigationsleiste so implementiert ist (vgl. Manhartsberger, Musil 2001:28; >>ebenso<< Broschart 2011:263).

„Websites die ein Plug-in benötigen, gehen damit das Risiko ein, dass der Browser des Benutzers das Plug-in möglicherweise nicht installiert *hat"*. Hinzu kommt, dass die wenigsten die Plug-ins nachinstallieren (vgl. Manhartsberger, Musil 2001:80).

10.14 Performance der Webseite

Webseiten müssen sich schnell aufbauen. Benutzer warten nie länger als 10 Sekunden auf eine vollständig geladene Seite. Die optimale Ladezeit beträgt genau eine Sekunde[57] (vgl. Manhartsberger, Musil 2001:29). Im Kapitel SEO unter Punkt 11.13 wird genauer auf diese Kriterien eingegangen, da sie neben der Web Usability ebenfalls Auswirkungen auf die Bewertung einer Webseite haben.

10.15 Suchfunktion

Eine Suchfunktion erlaubt dem Benutzer, mittels der Direktsuche nach Informationen auf Webseiten zu suchen (vgl. Manhartsberger, Musil 2001:30 f). Eine vorbildliche Suchfunktion listet bereits die ersten Ergebnisse auf, während der Nutzer die ersten Buchstaben seiner Eingabe eintippt. Gerade bei Webshops kommt es häufig vor, dass man über die interne Suchfunktion keine Artikel aufgrund der Artikelnummer angezeigt bekommt. Ein WCMS sollte daher über eine Suchfunktion verfügen, die alphabetische sowie alphanumerische Zeichenkombinationen verarbeiten kann (vgl. Fischer 2009:501).

Ebenfalls nicht zu vernachlässigen ist seiner Meinung nach die Fehlertoleranz einer phonetischen Suche. Sie ermöglicht, dass man mit allen Schreibweisen immer ans Ziel kommt (vgl. Fischer 2009:516). Eine Suchfunktion sollte über eine Synonymverwaltung verfügen (vgl. Broschart 2011:356 f).

Da Boole'sche Verknüpfungen kaum von Benutzern beherrscht werden, sollte man bei deren Einsatz die Standardverknüpfung >>und<< verwenden. Für das Sucheingabefeld gilt das gleiche wie bei Formularfeldern. Sie sollten nicht zu klein sein, damit Suchende einzig und allein ein Wort eingeben können. Es sollte so viel Platz vorhanden sein, dass ebenfalls

---

[57] Nach Auffassung des Autors hängt es vom Einzelfall ab, von den Inhaltselementen und der Anzahl der Inhalte auf der Startseite und vom verwendeten Webserver.

mehr als ein Wort eingegeben werden kann. Das verbessert das Suchergebnis (vgl. Manhartsberger, Musil 2001:254).

10.16 Mehrsprachige Websites

Die Sprachauswahl muss möglichst einfach zugänglich sein. Bei mehrsprachigen Webseiten bieten sich Fahnen als Metapher an, damit der Benutzer die Möglichkeit hat, innerhalb seiner Sprache zu navigieren (vgl. Manhartsberger, Musil 2001:256 f). Beim Automatischen Redirect für Sprachen hingegen wird die Sprache des Browsers mittels Javascript abgefragt und der Besucher wird automatisch auf eine Seite weitergeleitet, die seiner Sprache entspricht. Laut Auffassung der beiden Autorinnen würde man den Benutzer an dieser Stelle bevormunden und ihm den gezielten Zugang zu einer anderen Sprachversion versperren (vgl. Manhartsberger, Musil 2001:258)[58].

10.17 Mobile Inhalte

Webinhalte werden verstärkt auf mobilen Endgeräten abgerufen, das sollte berücksichtigt werden (vgl. Manhartsberger, Musil 2001:77; >>ebenso<< Broschart 2011:67)[59].

10.18 Bilder, Grafiken und Textgrafiken

Produktabbildungen in Onlineshops sollten in einer größeren Ansicht zur Verfügung stehen. Das geht zwar zu Lasten der Geschwindigkeit, aber der Nutzer erwartet es und nimmt etwas Wartezeit in Kauf (vgl. Fischer 2009:522 >>anderer Meinung<< Manhartsberger, Musil 2001:178 f). HTML Größenangaben sollten im IMG-Tag eingegeben werden, dadurch wird vorhandener Text richtig um die Grafik formatiert und bei fehlerhaftem Laden einer Grafik oder eines Bildes wird durch die Größenangabe verhindert, dass das Layout der Seite zerschossen wird. Unter dem Bild

---

[58] Der Verfasser dieser Arbeit sieht in dieser Funktion allerdings eine Erleichterung für Benutzer, die nicht explizit auf die fremdsprachliche Variante einer Webseite zugreifen möchten. Daher ist es benutzerfreundlich, wenn der Besucher zu einer Seite weitergeleitet wird, die seine Sprache unterstützt.

[59] Das WCMS Sitecore bsw. erkennt mobile Endgeräte automatisch und stellt Inhalte automatisch optimiert dar.

sollte sich eine kurze Beschreibung befinden und das Originalbild sollte bei einer größeren Ansicht doppelt so groß sein wie das Thumbnail-Bild. (vgl. Manhartsberger, Musil 2001:178 f). Siehe ebenfalls Kapitel 11.7.

10.19 Browserkompatibilität

Webseiten, die auf korrektem HTML[60] aufbauen, sind mit höherer Wahrscheinlichkeit browserkompatibler als solche, die Fehler enthalten, außerdem hat es Auswirkungen auf das Ranking (siehe 11.12). Aufgrund unterschiedlicher Browser ist es schwierig, Webseiten zu entwickeln, die mit allen gängigen Browsern kompatibel sind. Sie müssen in allen Browsern gleich aussehen, um keine Benutzer auszuschließen (vgl. Manhartsberger, Musil 2001:78 f). Eine exakte Darstellung ist laut >>*usabilitytipps.de*<< kaum möglich, da spezielle Effekte nicht in allen Browsern darstellbar sind. Dennoch kann Browserkompatibilität erreicht werden. Anstatt Tabellen zu verwenden, können Div-Elemente in CSS formatiert werden, um browserstabile Designs umzusetzen. Mit so genannten Browserhacks kann eine Webseite den entsprechenden Browseranforderungen angepasst werden. Dadurch werden Schwachstellen in verschiedenen Browsern ausgeglichen. Durch sogenannte CSS Weichen kann erreicht werden, dass CSS Anweisungen einzig und allein von einem gewünschten Browser interpretiert werden können (vgl. www.usabilitytipps.de).

10.20 Scrollen minimieren

Webnutzer scrollen nicht gerne. Ein Großteil der Informationen ist nicht sichtbar (vgl. Manhartsberger, Musil 2001:92), da er sich unterhalb der Falz befindet. Bei Inhaltsseiten, die sehr lang sind, sollte man aus Usability Gründen einen „Link zurück zum Anfang der Seite" am Ende der Seite einfügen (vgl. Manhartsberger, Musil 2001:51,151). Das kann durch einen Textlink oder ein Pfeilsymbol umgesetzt werden.

---

[60] Das W3C, ein Konsortium zur Standardisierung von Techniken für das WWW, definiert Webstandards darunter für Html.

10.21 „Zurück-Button"

Durch den Einsatz dynamischer Seiten funktioniert der Zurück-Button oftmals nicht und das erzeugt Frust beim Benutzer, denn der Zurück-Button ist der am meisten verwendete Button im Internet (vgl. Manhartsberger, Musil 2001:92).

10.22 Visuelle Interface Metaphern Icons

Es gibt einzig und allein wenige Symbole, die zweifelsfrei von den Benutzern verstanden werden, weil sie es im Laufe der Zeit gelernt haben (vgl. Fischer 2009:600; >>ebenso<< Manhartsberger, Musil 2001:114). Webseitennutzer hingegen wollen nichts erlernen oder nichts in das Lernen investieren (vgl. Manhartsberger, Musil 2001:181 f). Alle Grafiken, die Funktionen repräsentieren, sollten daher beschriftet sein und nicht erst auftebenfallsn, wenn man mit der Maus darüber fährt. Sie sollten ebenfalls unmittelbar daneben oder darunter stehen (vgl. Manhartsberger, Musil 2001:183). Bei diesen Interaktionselementen muss zudem dafür gesorgt werden, dass der klickbare Bereich ausreichend groß ist, damit der Benutzer schneller darauf klicken kann. Daher sollten sie nicht kleiner als 10x10 Pixel sein (vgl. Manhartsberger, Musil 2001:218).

10.23 PDF Dokumente

Sie sollten mit einem Icon versehen werden können und mit einem Hinweis auf die Dateigröße (vgl. Broschart 2011:345).

10.24 Feedback von Grafiken

Benutzer sollten ein visuelles Feedback in Form eines Rollover-Effekts erhalten (vgl. Manhartsberger, Musil 2001:148).

10.25 Feedback von Links und farbliche Hervorhebung

Beim so genannten Hover-Effekt ändert ein Link sein Format, indem er sich verfärbt. Das bietet den Vorteil eines auffälligen Feedbacks. Aktivierte Links sollten sich bei einem Mouseover optimalerweise rot verfärben, damit der Benutzer weiß, dass er den Link erfolgreich gedrückt hat und bereits besuchte Links sollten eine andere Farbe aufweisen (vgl. Manhartsberger, Musil 2001:148 f).

Je nach aktuellem Status eines Links sollten die Standardfarben beibehalten werden (Manhartsberger, Musil 2001:196).

10.26 News und RSS Feeds

Werden Mitteilungen auf der Webseite präsentiert, dann sollten diese mit einem Datum und je nach Aktualisierungsfrequenz zusätzlich mit der Uhrzeit versehen werden. Zudem sollen sie absteigend nach dem Datum sortiert werden . Alternativ sollten RSS-Feeds angeboten werden (vgl. Broschart 2011:373 f).

Der RSS Feed wird wohl in Zukunft zur Newsletter-Alternative. Nach Meinung von Fischer (2009:128 ff) sollte man zweigleisig fahren und beides anbieten. Vorteil für die Besucher einer Webseite ist, dass das Abmelden entfällt, indem man den News-Feed einfach aus dem RSS-Reader löscht.

10.27 Frames und Framesets

Diese veraltete Form des Layouts ist nicht benutzerfreundlich und hat viele Nachteile. Ein WCMS verwendet keine Frames mehr. Das Layout wird über CSS realisiert. Daher wird nicht weiter darauf eingegangen und dieser Umstand einzig und allein der Vollständigkeit halber erwähnt.

10.28 Skalierbarkeit von Webseiten und Inhalten

Webseiten sollten keine fixe Größe haben, da ansonsten einzig und allein ein Teil der tatsächlichen Fenstergröße genutzt wird. Seiten sollten so aufgebaut sein, dass Fließtext umbrechen kann, Buttons und Eingabefelder aber Ihre Position behalten. Vergrößert der Benutzer das Fenster, dann sollte Fließtext die Möglichkeit haben mitzuwachsen (vgl. Manhartsberger, Musil 2001:51,171).

10.29 Schriften

Einer von 10 ärgerlichen Fehlern bei Webseiten ist die zu kleine Schriftgröße (vgl. Fischer 2009:504). Daher sollte man eine Funktion anbieten, mit der sich die Schriftgröße verändern kann, wie beispielsweise mit einem Steuerelement in Form von Icons (vgl. Broschart 2011:362). Gibt man die Schriftgröße relativ an und nicht fix, dann orientiert sie sich an der am Bildschirm dargestellten durchschnittlichen Standardgröße, die der Benutzer eingestellt hat. Einzig und allein dann ist es für Benutzer möglich, die Schrift zu zoomen. Das ist für Menschen mit Sehbehinderung von Vorteil (vgl. Manhartsberger, Musil 2001:198).

10.30 Texte im Web

10.30.1 Textstrukturen erzeugen

Um eine gewisse Spannung auf Webseiten zu erzeugen, ist es unerlässlich, Webtexte durch Auflockerung attraktiver zu gestalten. Dies kann unter anderem durch Aufzählungen oder fett dargestellte Schrift erzielt werden (vgl. Fischer 2009:583). Hierfür ist ein Texteditor nötig, der über geeignete Funktionen verfügt.

10.30.2 Optimale Länge von Texten im Web

Webnutzer lesen nicht, sie scannen Texte. Daher sind kurze Zeilenlängen optimal zum Lesen, Das Gegenteil führt zur Ermüdung. Das menschliche Auge wird dadurch klar geführt und die Lesegeschwindigkeit steigt an (vgl. Fischer 2009:580). Text in Spalten erschwert das Lesen[61] und passt für Zeitungen, nicht für das Internet. Wenn Spalten verwendet werden, dann sollte jede Spalte zwischen 26 und 45 Zeichen enthalten (vgl. Manhartsberger, Musil 2001:204).

---

[61] Der Verfasser dieser Arbeit widerspricht an dieser Stelle und hält den Einsatz von Spalten für sinnvoll, gerade weil der Benutzer einer Webseite diese Form des Layouts bereits aus Zeitungen kennt. Im CMS Contao ist es möglich sogenannte Spaltensets zu definieren, die unterschiedliche Größen annehmen können. Zu sehen auf www.eiscafe-lombardo.de/produktion.html.

10.30.3 Texte anteasern

Text sollte in appetitlichen Häppchen serviert werden, um den Scrollaufwand zu minimieren (vgl. Bruns 2007:19).

10.31 404 Fehlermeldungen

Aus Usability-Gründen sollte eine Fehlerseite vorhanden sein, die den Benutzer persönlich anspricht und über den Fehler aufklärt. Beachtet werden sollte, dass eine Navigation auf der Fehlerseite zur Verfügung gestellt wird. Eine andere Alternative wäre, direkt auf die Startseite umzuleiten (vgl. Fischer 2009:650 f).

10.32 Druckfunktion

Sobald ein Benutzer Informationen ausdrucken möchte, sollte ein entsprechender Button (Anmerkung des Verfassers: Es werden ebenfalls Icons verwendet oder die Druckfunktion des Browsers) bereitgestellt werden, der daraufhin die Druckversion einer Webseite aufruft. Dabei sollte der URL der Webseite integriert werden, damit der Benutzer später sehen kann, von welcher Seite die Informationen stammen. Druckbare PDF sind aber problematisch für Laien, die damit nicht umgehen können (vgl. Manhartsberger, Musil 2001:252).

10.33 Sicherheit und Vertrauen

Erst wenn Webseitenbesucher oder Kunden sicher sind, dass ihre Daten sicher sind, interagieren sie. Erfolgreiches CRM benötigt Vertrauen (vgl. Manhartsberger, Musil 2001:44 f). Verschlüsselte Verbindungen müssen ebenso in Anmelde- und Abmelde-Prozessen bereitgestellt werden (vgl. Broschart 2011:389). Es wäre fatal, private oder kritische Daten ungeschützt übers Web zu schicken (vgl. Manhartsberger, Musil 2001:56). Mit SSL gesicherte Webseiten zeigen eine URL mit vorangestelltem >>https<<, das die Daten verschlüsselt überträgt (vgl. Fischer 2009:650 f).

11 Suchmaschinenoptimierung

„Jede Webseite, die von interessierten Usern in großer Zahl besucht werden will, sollte also in den gängigen Suchmaschinen präsent sein. Oder anders formuliert: Wer nicht von den großen Suchmaschinen gelistet wird oder einzig und allein auf den hinteren Rängen rangiert, ist faktisch unzugänglich und wird von normalen Usern nicht angesteuert."
(Jan Winkler 2008:162)

Unter Suchmaschinenoptimierung oder SEO (Search Engine Optimization) werden alle Bemühungen zusammengefasst, eine Webseite durch Aufnahme in den Index möglichst prominent in den organischen[62] Suchmaschinenergebnissen zu platzieren (vgl. Broschart 2011:17; >>ebenso<< Winkler 2008:161). Experten schätzen, dass Google etwa 150 Kriterien heranzieht, um die Position einer Webseite in den Suchergebnissen bestimmen zu können (vgl. Fischer 2009:285). Diese Kriterien sind nicht öffentlich und es lässt sich nicht feststellen, welchen Anteil jedes Kriterium am Ranking hat. „Vielmehr ist es so, dass ein Zusammenspiel aller Kriterien ein positives Ranking ausmacht..." (vgl. Winkler 2008:210). Aus Marketingsicht schont SEO das Budget, da es kostengünstiger als klassisches Onlinemarketing ist (vgl. Winkler 2008:162) und zu einem positiven ROI[63] verhilft (vgl. Broschart 2011:25,45).

Bei SEO wird unterschieden nach Offsite-[64] und Onsitemaßnahmen[65]. Onsite-Maßnahmen betreffen den Quellcode aller Seiten unterhalb einer Domain (vgl. Broschart 2011:214). SEO-Maßnahmen führen zu einer verbesserten User Experience[66], indem sie eine leichtere Orientierung und Bedienbarkeit einer Webseite ermöglichen. Hier wird wiederholt deutlich, dass SEO-Maßnahmen einhergehen mit der Web Usability (vgl. Broschart

---

[62] Damit sind die nicht-bezahlten Platzierungen gemeint, die sich auf der linken Seite der Suchmaschinenergebnisseite befinden.

[63] Bedeutet Return on Invest.

[64] Ebenfalls Offpage-Maßnahmen genannt, betreffen keine Funktionen eines WCMS, da es vom Menschen ausgeht.

[65] Ebenfalls Onpage-Maßnahmen genannt.

[66] Web Usability ist ein Teilgebiet der User Experience.

2011:19). Vereinzelt gibt es Überschneidungen zwischen SEO und Web Usability, wie im nächsten Kapitel zu sehen ist.

In diesem Kapitel werden verschiedene Aspekte der Onsite-Suchmaschinenoptimierung[67] analysiert, die Rückschlüsse auf funktionale Anforderungen von WCMS ermöglichen. Denn die technische Plattform spielt wie bereits erwähnt eine wichtige Rolle, wenn Redakteure relevante Informationen über Webseiten und deren Inhalte gezielt im Backend einpflegen möchten.

11.1 XML Sitemap

„Bei der Sitemap.xml handelt es sich um eine dem XML-Standard entsprechende Textdatei" (Broschart 2011:280), ein maschinenlesbares Inhaltsverzeichnis der eigenen Webseite. Es dient dem Suchmaschinenroboter zur Indexierung der Webseite inkl. aller Unterseiten (vgl. Fischer 2009:171; >>ebenso<< Winkler 2008:234).

11.2 Doppelte Inhalte, Duplicate Content

Webseiten mit doppelten Inhalten werden deutlich schlechter gestellt (vgl. Winkler 2008:219). Ein konkretes Beispiel ist die Druckversion einer Webseite oder eine PDF, die zum Download angeboten wird. Diese Funktion, die auf jeder Seite mit einem Klick ausgelöst werden kann, stellt doppelte Inhalte für Robots dar und kann einzig und allein unterbunden werden, indem diese speziellen Druckversionen durch einen Eintrag in der robots.txt ausgeschlossen werden (vgl. Fischer 2009:425). Ansonsten bevorzugen die Robots die schlanker programmierte Druckversion einer Webseite gegenüber der richtigen Seite im Ranking, und der Suchende bekommt eine Druckseite ohne Navigation angezeigt (vgl.Fischer2009:319).

---

[67] Bei Fischer auch Onpage-Optimierung genannt.

11.3 301 Weiterleitung

Das Alter eines Links ist relevant für die Gesamtbewertung und sollte niemals geändert werden (vgl. Fischer 2009:337). Andernfalls muss eine permanente 301 Weiterleitung[68] eingerichtet werden, damit Suchmaschinen diese Inhalte unter der neuen Zieladresse auffinden können (vgl. Broschart 2011:285).

11.4 Meta Tags

Sie sind dazu da, Informationen zur Webseite abzuspeichern, die im Browser nicht sichtbar sind und setzen sich aus dem „Name-Attribut" und dem „Content-Attribut" zusammen (vgl. Winkler 2008:224).

11.4.1 Zusätzliche Meta-Tags einfügen

Zusätzliche „Meta-Tags" werden im Kopfbereich der HTML Struktur eingefügt (vgl. Fischer 2009:174 f). Um Suchmaschinenroboter bsw. auf die einzig relevante Version einer Webseite hinzuweisen, kann bsw. ein Canonical-Tag verwendet werden, das die Indexierung doppelter Inhalte unterbindet (vgl. Broschart 2011:294). (siehe 11.2).

11.4.2 Title-Tag

Es ist eines der wichtigsten Rankingkriterien (vgl. Fischer 2009:288; >>ebenso<< Broschart 2011:240; >>ebenso<< 2009:221). Dort werden Informationen für die Titelzeile im Kopf des Browsers hinterlegt und gleichzeitig dient er als anklickbare Überschrift in den Suchmaschinenergebnissen (vgl. Fischer 2009:287). Er fördert die Klickrate der Suchenden um einige Prozentpunkte, wenn er für sie nach der richtigen Quelle klingt (vgl. Winkler 2008:222).

11.4.3 Meta-Tag Description

Die Description ist genauso wichtig wie das Title-Tag. Darin findet sich eine kurze Beschreibung der Webseite, die individuell sein sollte, um ei-

---

[68] Normalerweise muss hierfür die htaccess Datei außerhalb des Systems, auf dem Webserver bearbeitet werden. Das WCMS Contao ermöglicht das direkte Einrichten dieser Weiterleitungen aus dem System selbst heraus.

ne Deklassierung zu verhindern (vgl. Broschart 2011:246; >>ebenso<< Fischer 2009:180; >>ebenso<< Winkler 2008:225). Der dort hinterlegte Text dient Suchmaschinen als Beschreibung zu dem angezeigten Link und wird als Snipet[69] verwendet, wenn die darin verwendeten Begriffe ebenfalls in gewisser Häufigkeit auf der eigenen Webseite genannt werden (vgl. Fischer 2009:292 f; >>ebenso<< Winkler 2008:225).

11.4.4 Meta-Tag Keywords

Dieses Meta-Tag wird weitestgehend ignoriert und ist nicht relevant für SEO, außer dass diese Informationen herangezogen werden, wenn keine weiteren aussagekräftigen Informationen vorliegen (vgl. Broschart 2011:246; >>anderer Meinung<< Winkler 2008:225). Einzig und allein Yahoo nutzt diese Informationen immer noch. Es ist nicht sicher, dass diese Inhalte nicht für das Ranking verwendet werden (vgl. Fischer 2009:297).

11.4.5 Nofollow und robots.txt

Bei der Verlinkung auf externe Webseiten wird aufgrund der eigenen Linkpopularität eine sogenannte Linkpower (oder ebenfalls Link-Juice genannt) weitervererbt (vgl. Fischer 2009:303; >>ebenso<< Winkler 2008:234). Unterbinden lässt es sich mit dem rel=nofollow-Tag (vgl. Fischer 2009:303). Ein mit „nofollow" gekennzeichneter interner Link existiert für Suchmaschinen nicht, da man dem Robot verbietet, das eigentliche Ziel zu erfassen, so dass gekennzeichnete Links aus der Bewertung genommen werden (vgl. Winkler 2008:234; >>ebenso<< Broschart 2011:272.).

Mit der robots.txt, die sich im Hauptverzeichnis einer Domain befindet, lassen sich hingegen bestimmte Bereiche einer Webseite von der Suche ausschließen (vgl. Fischer 2009:424; >>ebenso<< Winkler 2008:239) und Traffic durch die Robots eindämmen (vgl. Broschart 2011:73). Nach Auffassung des Autors sollte es möglich sein, Informationen für diese

---

[69] Der Text, der unter dem Link in den Suchergebnissen angezeigt wird.

Datei aus arbeitsökonomischen Gründen[70] direkt im System editieren zu können, so das Arbeitsschritte reduziert werden.

11.4.6 Meta-Tag Robot

Durch dieses Meta-Tag im Head der entsprechenden Webseite werden einzig und allein einzelne Seiten von der Indexierung ausgeschlossen (vgl. Fischer 2009:301). Wie bereits erwähnt, kann dadurch Duplicate Content vermieden werden (vgl. Fischer 2009:319).

11.5 Textgestaltung

WYSIWYG[71] Texteditoren zählen mittlerweile zum Standardrepertoire von WCMS. Sie geben den Text in HTML aus und orientieren sich an bekannten Officeprogrammen. Der Funktionsumfang kann u.U. erweitert werden, wie bsw. für den TinyMCE Editor.

11.5.1 H-Tags bei Überschriften

H-Tags zeigen der Suchmaschine an, dass es sich dabei um eine Überschrift der höchsten Gliederungsstufe handelt (h1)[72]. Zwischenüberschriften, die man zur Gliederung einsetzt, sollten daher mit dem „h2-Tag" versehen werden können (vgl. Fischer 2009:316; >>ebenso<< Broschart 2011:243; >>ebenso<< Winkler 2008:222). Bei fehlendem Titel-Tag greifen Suchmaschinen auf Informationen des H-Tag der Webseite zurück (vgl. Broschart 2011:243).

11.5.2 Wichtige Textattribute Hervorhebungen, Aufzählungen

Fett oder kursiv dargestellte Wörter in einem Textabsatz stechen hervor und die Hervorhebung einzelner Begriffe mittels „Bold" oder „Strong" hat messbaren Einfluss auf das Ranking. Längere Textabschnitte sollten über alternative Style-Sheet-Formatierungen umgesetzt werden (vgl. Fi-

---

[70] Anmerkung des Verfassers: Diese Datei muss per FTP heruntergeladen und in einem Editor angepasst werden, um danach wieder auf den Webspace hochgeladen zu werden. Für Laien kein einfacher Vorgang!

[71] What You See Is What You Get.

[72] Die Angabe kann in einem Texteditor vorgenommen werden.

scher 2012:244f; >>ebenso<< Broschart 2012:245). Ebenfalls ein fettmarkierter und farblich hervorgehobener Link bringt „ein paar Punkte mehr" (vgl. Fischer 2009:338; >>ebenso<< Broschart 2011:244). Gegenteiliger Meinung ist Winkler (2008:228). Für ihn sind Hervorhebungen einzig und allein noch für einige der älteren Browser interessant.

Aufzählungen erhalten einen weiteren Bonus bei der Rankingberechnung. Sie werden mit dem Tag <li> (für Liste) versehen. Durch weitere Textattribute können Wörter in einem Absatz hervorgehoben werden. Das hilft unter anderem dem Benutzer der Seite, relevante Inhalte schneller aufzufinden, und die Webseite erhält wiederum zusätzliche Punkte beim Ranking (vgl. Fischer 2009:317 ff).

11.6 ALT-Attribut und Titel-Attribut

Das Alt-Attribut ergänzt ein Html-Tag und wird von Suchmaschinen ausgewertet und es kann eine positive Wirkung dieses Tags gemessen werden. Es ist eines der wichtigsten HTML-Attribute. Suchmaschinen sind blind, was Bilder angeht, sie liefern kaum verwertbare Informationen. Entsprechendem Bild- oder Grafikmaterial kann in HTML eine alternative Bedeutung im Alt Tag (alt=) mitgegeben werden. Ebenfalls sollte es mit Zusatzinformationen in Form eines „title"-Attributes versehen werden (vgl. Winkler 2008:225). Es wird immer dann gezeigt, wenn man mit der Maus über ein Bild fährt (vgl. Fischer 2009:324; >>ebenso<< Winkler 2008:225).

11.7 Verlinkung bei größerer Ansicht

Verlinkungen für eine größere Ansicht eines Bildes sollten über ein Symbol (Lupe) oder einen Textlink realisiert werden. Das hängt mit dem Ranking zusammen. Denn wenn das Bild direkt verlinkt ist, interpretiert der Robot den optimierten Content der Webseite nicht als zum Bild dazugehörig und das Bild „rankt" nicht mehr so gut (vgl. Fischer 2009:325).

11.8 PDF Dokumente

Relevante Informationen als PDF-Download verbessern das Ranking (vgl. Fischer 2009:330; >>anderer Meinung<< Broschart 2011:345). Für

Broschart (2011:345) ergeben sich Nachteile für die SEO bei der Nutzung von „Nicht-HTML-Dateien", worauf bereits im Kapitel Web Usability näher eingegangen wurde.

11.9 Linktexte

Hyperlinks sind das Salz in der Suppe (vgl. Fischer 2009:333). *„Eines der wichtigsten Kriterien für die Bewertung einer Webseite sind die Texte, die auf den Hyperlinks selbst stehen"* (Fischer 2009:342). Ein Linktext gibt einen Hinweis auf den Inhalt der Zielseite und ist daher ein entscheidender Parameter für interne sowie externe Links. Daher sollte auf nichtssagende Linktexte[73] wie >>mehr<< oder >>weiterlesen<< verzichtet werden (vgl. Broschart 2011:270 f). Der Linktext sollte mit dem verlinkten Inhalt korrelieren (vgl. Broschart 2011:218)[74].

11.10 Flash

Diese Technologie spielt keine Rolle im Hinblick auf Funktionalitäten von WCMS, da die Ausgabe in der Regel nicht flashbasiert ist. Ebenfalls wenn spezielle WCMS auf Flashbasis[75] existieren, sind sie nicht relevant für diese Arbeit.

11.11 Java Script und AJAX

Mit dieser Technologie lassen sich einfache, interaktive Befehle hinterlegen und daher wird sie auf vielen Webseiten eingesetzt.

Java Script Inhalte können einzig und allein bei aktiviertem Java im Browser angezeigt werden. Suchmaschinen ignorieren Java Script! Häufig werden ebenfalls Links in Java Script eingebunden, dadurch werden sie nicht erkannt von den Robots und dahinter liegende Seiten werden nicht besucht und indexiert. Die Lösungen für dieses Problem ist ein No-

---

[73] Das ist bei Teasern oftmals der Fall. Aus eigenen Erfahrungen u.a. im WCMS Contao.

[74] Ein von Broschart vorgestelltes Analysetool namens Forecheck analysiert diese Korrelation, woraus der Autor entsprechende Rückschlüsse zog.

[75] Siehe hierzu: http://www.nunodesign.de/cms-flash.html

script-Bereich mit relevanten Informationen, was gleichzeitig Usability Aspekte abdeckt (vgl. Winkler 2008:227 f).

AJAX[76] verursacht ebenfalls Probleme. Es lädt fehlende Inhalte auf einer Webseite dynamisch, erst bei Bedarf nach, ohne die gesamte Webseite neu laden zu müssen. Ein Suchmaschinenroboter kann diese Inhalte ebenfalls nicht einsehen, da es im Quelltext der Webseite keinen verwertbaren Content gibt. Daher sollte der Einsatz dieser Technik auf ein Minimum reduziert werden, er kann durchaus sinnvoll sein, wenn er auf einzelne und Nutzen stiftende Funktionalitäten[77] angewandt wird (vgl. Fischer 2009:414 ff; >>ebenso<< Broschart 2012:262 f).

11.12 Code Validität

Valider Code ist zwingende Voraussetzung für eine funktionierende Optimierung und sorgt dafür, dass alle Html-Elemente korrekt ausgelesen werden können. Ansonsten kann es dazu kommen, dass der Robot eine solche Seite schlechter bewertet (vgl. Broschart 2011:233 f; >>ebenso<< Winkler 2008:221; >>anderer Meinung<< Fischer 2009:327).

11.13 Ladezeitfreundliche Webseiten

Internet-User erwarten, dass sich Webseiten schnell aufbauen (vgl. Fischer 2009:497; >>ebenso<< Broschart 2011:303). Dauert dieser Vorgang zu lange, hat es nachteilige Auswirkungen auf die Bewertung einer Webseite (vgl. Broschart 2011:305; >>ebenso<< Fischer 2009:426, 497). Dies kann ebenfalls an langsamen Datenbanksystemen eines komplexen CMS liegen, das Webseiten dynamisch generiert (vgl.Broschart 2011:305). Die nachfolgenden Unterpunkte beeinflussen die Website-Performance.

---

[76] Asynchronous Java Script and XML

[77] Für Laien stellt eine auf Javascript basierende Bildergalerie bsw. eine effektive und effiziente Funktion dar, um Fotos schnell einbinden zu können.

11.13.1 Komprimierung von PHP Dateien

Es sollte möglich sein, eine PHP-Komprimierung[78] im WCMS zu aktivieren, so dass die Seiten vorher komprimiert werden, bevor sie an den Browser geschickt werden (vgl. Pagespeed Optimierung).

11.13.2 Kompression aktivieren in der .htaccess

Durch die Aktivierung dieser Einstellung wird der Apache Server aufgefordert, alle CSS-, JavaScript- und XML-Dateien zu komprimieren (vgl. Pagespeed Optimierung. Das WCMS Contao bsw. bietet die Möglichkeit, die Komprimierung in den Systemeinstellungen aktivieren zu können.

11.13.3 Browsercache

Wiederkehrende Grafiken sollten aus dem Browser-Cache abgerufen werden können (vgl. Manhartsberger, Musil 2001:81). Durch das Setzen eines Verfallsdatums kann erreicht werden, dass der Browser Bilder, CSS-Dateien, Scripte aus seinem Speicher und nicht aus dem Netz lädt
(vgl. Pagespeed Optimierung).

11.13.4 Hintergrundfarben Hintergründe

Sie sollten als HTML-Farbcode eingebettet werden und nicht als Grafik, die der Browser neu laden muss (vgl. Manhartsberger, Musil 2001:81). Hierfür ist es nach Meinung des Autors erforderlich, einen Hintergrundfarbton aus einem Farbspektrum auswählen zu können, der dann automatisch vom System als HTML-Farbcode ausgegeben wird.

---

[78] Der Großteil von WCMS basiert auf PHP, daneben gibt es ebenfalls andere Systeme mit abweichendem Programmcode.

11.13.5   Hintergrundgrafiken

Hierbei sollte das kleinstmögliche Bild verwendet werden, damit es durch Wiederholung[79] über den ganzen Bereich aufgebaut werden kann (vgl. Manhartsberger, Musil 2001:80).

11.13.6   Cascading Style Sheets auslagern

Die Anweisungen in den Stylesheets erfordern weniger Code und sollten nicht direkt in die Webseite eingebettet werden (vgl. Manhartsberger, Musil 2001:82), sondern in einer Datei ausgelagert werden. Dadurch können sie mehrfach verwendet werden (vgl. Winkler 2008:227).

---

[79] Dies geschieht im WCMS Contao bsw. über Definition der X- oder Y-Achse.

12 Weitere Aspekte

In diesem Kapitel werden weitere Aspekte analysiert, die nach Auffassung des Autors ebenfalls bei der Auswahl eines Systems berücksichtigt werden sollten. Die technische Beschaffenheit eines WCMS ermöglicht bsw. effizientere Prozessabläufe oder eine effizientere Zusammenarbeit der Backenduser untereinander. Sie gewährleistet darüberhinaus ebenfalls Sicherheit und Stabilität. Daher sollten die nachfolgenden Aspekte ebenfalls bei der Auswahl eines WCMS berücksichtigt werden.

12.1 Technische Besonderheiten bei Newsletter

Newsletter sind ein wichtiges Kommunikationsinstrument des Online-Marketing. Es gibt spezielle Newsletter-Programme, aber ebenfalls Erweiterungen für WCMS, mit denen man Newsletter erstellen und verschicken kann (vgl. Fischer 2009:75). Ein WCMS muss daher bestimmte Anforderungen erfüllen, wenn es über ein Newsletter-Modul verfügt.

12.1.1 Double-Opt-In

Bevor Newsletter verschickt werden dürfen, muss die Einwilligung seitens des Kunden eingeholt werden, andernfalls droht eine Unterlassungserklärung nebst Kostennote. Das lässt sich mit dem Double-opt-in-Verfahren regeln. Der Kunde erhält nach dem Eintragen seiner Emailadresse eine automatisch generierte Email mit einem Bestätigungslink für den Newsletter (vgl. Fischer 2009:75).

12.1.2 Import von Kundendaten per .csv

Bei einem vorhandenen Verteiler ist es möglich, die Kundendaten per CSV-Datei zu importieren (vgl. Newsletters), dadurch wird effektives/effizientes Arbeiten nach Auffassung des Autors möglich.

12.1.3 Multipartformat

Um den Empfänger eines Newsletter nicht unnötig mit Auswahloptionen zu konfrontieren, sollte ein Newsletter im so genannten Multipart-Format versendet werden. Hierbei erhält der Kunde den Newsletter als Textvariante und gleichfalls als HTML-Variante zugeschickt. Je nach persönlicher Konfiguration des E-Mail-Programms wird der Newsletter in einer von beiden Varianten dargestellt (vgl. Fischer 2009:78).

12.1.4 Erfolgskontrolle von Newslettern

Direkt nach dem Newsletterversand kommen Mails zurück.

Für die exakte Erfolgskontrolle unterscheidet man zwischen der Anzahl versendeter Mails, Bounce-Mails, Zustellrate, Öffnungsrate, Klickrate und Konversionsrate.

Häufig kommt es beim Versand von Newslettern zu Fehlermeldungen. Der sendende oder empfangende E-Mail-Server verschickt daraufhin so genannte Bounce-Mails. Darunter versteht man nicht zustellbare Mails mit Fehlermeldungen. Man unterscheidet 2 unterschiedliche Typen von Fehlermeldungen. Soft-Bounce-Mails und Hard-Bounce-Mails. Im ersten Fall entstehen sie, wenn die Mailboxkapazität erschöpft ist. Hard-Bounce-Mails hingegen weisen darauf hin, dass die E-Mail-Adresse fehlerhaft war oder nicht mehr existiert. In beiden Fällen sollte ein Newsletterprogramm oder eine Erweiterung im WCMS darauf reagieren. Fehlerhafte Hard-Bounce-Mails sollten automatisch aus dem Versendepool gelöscht werden und bei Soft-Bounce-Mails sollten Parameter vorhanden sein, die ein automatisches Löschen erst dann vornehmen, wenn die E-Mail-Adresse mehrmals nicht erreichbar ist (vgl. Fischer 2009:80).

12.1.5 Spamordner

Damit ein Newsletter[80] nicht fälschlicherweise im Spamordner des Abonnenten abgelegt wird, muss darauf geachtet werden, dass gerade bei Freemailern wie Yahoo oder Web.de sichergestellt wird, dass der Newsletter nicht gleichzeitig an alle im Versendepool gelisteten Empfänger verschickt wird. Professionelle Programme versenden über einen längeren Zeitraum in kleineren Wellen (vgl. Fischer 2009:80).

---

[80] Dies ist ebenfalls vom Inhalt des Newsletters abhängig!

12.1.6 Unsubscriberate

Viele Abonnenten melden sich sofort ab, nachdem sie den Newsletter erhalten haben. Hierbei spricht man von der so genannten Unsubscribe-Rate (vgl. Fischer 2009:84).

12.2 Workflowprozesse

Unter dieser Rubrik werden Funktionen vorgestellt, die dazu beitragen, Prozesse oder Arbeitsabläufe zu verbessern.

12.2.1 Qualitätssicherung

Wenn Inhalte bereitstehen, die noch überprüft werden müssen, sollte der Redakteur darüber in einer Email benachrichtigt werden können (vgl. Contentmanager.de:14)[81] oder beim nächsten Login darauf hingewiesen werden (vgl. Contentmanager.de:33). Inhalte sollten automatisch in eine Warteschlange gestellt werden, damit der für die Veröffentlichung zuständige Redakteur vor der Veröffentlichung sehen kann, welche Änderungen vorgenommen wurden, von welcher Person und zu welchem Zeitpunkt (vgl. Contentmanager.de:69). Diese Inhalte können vor der Veröffentlichung in einer realen Seite angesehen werden (vgl. Contentmanager.de:9).

12.2.2 Zeitversetzte Ausgabe

Es besteht die Möglichkeit, Inhalte durch ein zuvor definiertes Datum automatisch frei schalten zu lassen (vgl. Contentmanager.de:23).

12.2.3 Simultaner Zugriff

Ein simultaner Zugriff auf Inhalte wird verhindert. Entsprechende Elemente werden vom System ausgecheckt. Andere Benutzer haben somit keinen Zugriff. (vgl. Contentmanager.de:28).

---

[81] Diese Ebook befindet sich ebenfalls im Anhang.

12.2.4 Frontediting

Durch diese Funktion lassen sich Inhalte bequem im Frontend anlegen und bearbeiten, wenn der Benutzer über die entsprechenden Rechte verfügt (vgl. Contentmanager.de:27).

12.2.5 Kollaboration

Über ein Taskcenter können Mitarbeiter Nachrichten versenden und Aufgaben erstellen, Deadlines vergeben und den Status einer Aufgabe festlegen (vgl. Contentmanager.de:21). Nach Auffassung des Autors werden Arbeitsabläufe untereinander beschleunigt.

12.2.6 Keyworddichte

Dieser Begriff bezeichnet, wie häufig ein Begriff in Relation zu anderen Begriffen auf einer Webseite vorkommt. So genanntes Keywordstuffing wirkt sich nachteilig auf die Platzierung in den Suchergebnissen aus. Ein zu geringes Vorkommen „hemmt allerdings den nötigen Auftrieb" (vgl. Fischer 2009:310; >>ebenso<< Broschart 2011:252; >>ebenso<< Winkler 2008:216). In diesem Kontext erwähnt Fischer (2009:145) die Existenz eines speziellen Tools[82] für CMS, womit sich die Textqualität und Keyworddichte im System selbst messen lässt. Der Autor ist der Meinung, dass ein WCMS die Keyworddichte automatisch im System selbst messen sollte, um den Workflow nicht unnötig zu unterbrechen.

12.3 Schutz und Sicherheit

12.3.1 Passwortsicherheitscheck

Benutzer werden durch einen Warnhinweis auf unsichere Passwörter hingewiesen, indem ein roter Warnhinweis mit einer Hilfestellung erscheint (vgl. DrupalUsabilityResearch:15).

---

[82] http://www.xing.com/net/internetmarketing/suchmaschinen-marketing-19/googleranking-verbessern-keyworddichte-messen-12161519

12.3.2 Datensicherheit

Die Datenbank kann automatisch gesichert werden (vgl. Contentmanager.de:22) und bei Bedarf wiederhergestellt werden.

12.3.3 Gesicherte Verbindungen

Der Zugriff auf das Backend kann über gesicherte https-Verbindungen ermöglicht werden.

12.3.4 Schutz vor Datenverlust

Für irrtümliche Fehler steht eine Versionierung und Rückgängig-Funktion zur Verfügung (vgl. Contentmanager.de:22) und bietet so Sicherheit vor Datenverlust.

12.3.5 Schutz vor Broken Links

Broken Links entstehen, wenn der Server bei Aufruf einer Adresse kein HTML-Dokument findet. In diesem Fall wird ein 404-Statuscode gesendet und eine entsprechende Seite im Browser angezeigt. Suchmaschinen sehen darin einen Qualitätsmangel der Webseite (vgl. Broschart 2011:291 f; >>ebenso<< Fischer 2009:446 f). Es existiert eine Erweiterung[83] für WCMS, die automatisch eine Email mit der Fehlermeldung an den Administrator verschickt.

12.3.6 Schutz vor Systeminstabilität

12.3.6.1 Updatehinweise für den Core

Sobald ein Update für den Kern des Systems bereitsteht, sollte der Administrator automatisch benachrichtigt werden.

12.3.6.2 Hinweis auf Kompatibilitätsprobleme mit Erweiterungen

Das System sollte Hinweise auf Kompatibilitätsprobleme geben, damit die Stabilität nicht gefährdet wird.

---

[83] http://www.contao.org/de/extension-list/view/ext404.de.html

12.3.6.3 Updatehinweise für Erweiterungen

Das System sollte darauf hinweisen, wenn es Aktualisierungen für einzelne Module gibt (vgl. Contentmanager.de:15). Alle verfügbaren Erweiterungen werden an einer zentralen Stelle zum Download zur Verfügung gestellt und direkt aus dem System heraus installiert und aktualisiert (vgl. Contentmanager.de:9).

12.3.6.4 Schutz vor Überlastung

Durch Load Balancing wird sichergestellt, dass eine Webseite immer erreichbar ist und nicht unter der Last von simultanen Anfragen zusammenbricht. Bei dieser Art der Optimierung sind mehrere Server gleichzeitig aktiv und in der Lage, Anfragen parallel zu beantworten, da die Last durch den Load Balancer gleichmäßig verteilt wird. Fällt ein Server aus, übernimmt ein anderer dessen Aufgabe, da die Work-Daten der Server gemeinsam geteilt werden. Es existieren verschiedene Open Source Lösungen für WCMS. (vgl. Scholl 2007).

12.3.6.5 Datenschutz

Um das Besucherverhalten zu analysieren, wird Website-Analyse-Software benötigt. Sie macht es möglich, Besuche, einzelne Besucher und Seitenaufrufe aufgrund der Logfiles des Webservers auszuwerten. Google Analytics, ein weit verbreitetes Tool von Google, ermöglicht diese Auswertungen und wird mittlerweile auf 2/3 der Webangebote eingesetzt (vgl. Fischer 2009:691).

Aus eigener Erfahrung des Autors bietet das WCMS Contao die Möglichkeit, alle IP Adressen, die sich in der Datenbank befinden und diejenigen, die an Google Analytics gesendet werden, zu anonymisieren, um Datenschutz zu gewährleisten.

12.4 Assetmanagement

Über die Redaktionsoberfläche können Dateien hochgeladen werden, um sie in Ordnern strukturieren zu können (vgl. Contentmanager.de:5).

Neben Einzeluploads können mehrere Dateien ebenfalls simultan übertragen werden (vgl. Contentmanager.de:22).

Um Inhalte in großen Ordnerstrukturen aufzufinden, können diese mit Metadaten versehen werden (vgl. Contentmanager.de:5) und bei Bedarf können die Metadaten automatisch als Content übernommen werden (vgl. Contentmanager.de 2012:22). Zur besseren Übersicht werden Dateien mit einem Icon dargestellt und Grafiken mit einer Vorschau (vgl. Contentmanager.de:5). Videodaten können in einem Player abgespielt werden. Grafiken und Bilder können im System selbst skaliert und beschnitten werden (vgl. Contentmanager.de:47).

12.5 Zukünftige Anforderungen

12.5.1 Long Term Editions

LTE sind sog. Langzeit-Versionen, die fortlaufende Sicherheitsupdates und vollen Support für eine bestimmte Zeit, in Zukunft durch Entwickler garantieren (vgl. Contentmanager.de:3).

12.5.2 Erweiterbarkeit

Es ist wichtig, dass es viele Anbieter gibt, die Erweiterungen für das WCMS bereitstellen, um zukünftige Anforderungen abzudecken (vgl. jdk.de).

12.5.3 Weiterentwicklung

Die Community hinter einem WCMS sollte möglichst groß sein und das System in Zukunft ständig weiterentwickeln (vgl. 3task.de).

12.5.4 Skalierbarkeit

Ein System sollte mit einer steigenden Nutzeranzahl und steigender Datenmenge in der Zukunft mitwachsen (vgl. aoemedia.de).

12.5.5 Multisitemanagement

Ein System sollte mit globalen und mehrsprachigen Webauftritten umgehen können, um auf zukünftige Anforderungen vorbereitet zu sein (vgl. aoemedia.de).

12.5.6 Schnittstellen

Falls nötig, sollte ein System über viele Schnittstellen verfügen, um in Zukunft evtl. an die IT-Architektur eines Unternehmens angedockt werden zu können (vgl. aoemedia.de).

13 Kategorienbildung

Nachdem die relevanten Disziplinen analysiert wurden, erfolgt nun die Kategorisierung in Ober- und Unterkategorien. Dieser Vorgang ist deduktiv. Die Aufgabe von Kategorisierung ist es, Kriterien zusammenzufassen, die über gemeinsame Merkmale verfügen.

Der Autor weist an dieser Stelle darauf hin, dass sich die Zugehörigkeit eines Kriteriums zu einer Oberkategorie zunächst automatisch aufgrund der Zugehörigkeit zu der jeweiligen Disziplin ergibt, die für diese Arbeit analysiert wurde. Daher erfolgt eine Begründung einzig und allein für die Oberkategorien Technik und Recht, die neu angelegt wurden. Eine Begründung für eine weitere Einteilung in eine Unterkategorie wird einzig und allein für die Kriterien der Software-, Web Usability und Technik vorgenommen. Sofern ein Kriterium mehrere Oberkategorien betrifft, wird es einer Mischkategorie zugeteilt und entsprechend begründet.

Die nachfolgende Abbildung zeigt Überschneidungen einzelner Bereiche, woraus Mischkategorien resultieren.

Abbildung Nr.4: Überschneidungen in den Kategorien.

Alle Kriterien werden in der „Kategorien-Matrix"[84] zusammengefasst. Sie enthält folgende Informationen:

1. Kapitelangabe in dieser Arbeit.
2. Zugehörigkeit zu einer Oberkategorie bzw. Mischkategorie, dargestellt als Farbcode.
3. Begründungen für die weitere Einteilung von Software-, Web Usability- und Technikkriterien in eine der Unterkategorien.
4. Begründungen für die Zugehörigkeit zu einer Mischkategorie.

---

[84] Diese Datei befindet sich als PDF Datei im Anhang.

13.1 Oberkategorien Software- und Web Usability

Aus Gründen des besseren Verständnisses wird die „Gebrauchstauglichkeit von Software" in Software Usability umbenannt.

Daraus ergeben sich die Oberkategorien „Software Usability" und „Web Usability". In Anlehnung an das Konzept der Gebrauchstauglichkeit erscheint es dem Verfasser sinnvoll, die Kriterien der Software- und Web Usability mit Hilfe der Grundsätze der Dialoggestaltung und einigen Leitlinien zur Informationsdarstellung[85] in entsprechende Unterkategorien zusammenzufassen, da sich Benutzerfreundlichkeit bzw. Usability gleichermaßen auf Benutzer im Back- und Frontend auswirkt.

Deshalb wird eine Einteilung mit Hilfe der Grundsätze der Dialoggestaltung vorgenommen:

Aufgabenangemessenheit
Erwartungskonformität
Selbstbeschreibungsfähigkeit
Fehlertoleranz
Steuerbarkeit
Individualisierbarkeit

Leitlinien zur Informationsdarstellung:
Erkennbarkeit
Lesbarkeit
Verständlichkeit

Da es sich bei einer Webseite nicht um Software oder eine softwarebasierte Plattform im eigentliche Sinne handelt, betrachtet der Autor eine Webseite abstrakt gesehen als ein Informationssystem, um die Web Usability Kriterien ebenfalls einteilen zu können.

---

[85] Diese wurden bereits in Kapitel 6 operationalisiert, worauf an dieser Stelle verwiesen wird.

13.2 Oberkategorie SEO

Alle Kriterien der Disziplin Suchmaschinenoptimierung werden aufgrund ihrer Zugehörigkeit zur Disziplin unter der Oberkategorie „SEO" zusammengefasst. Sie fokussieren eine gute Platzierung in den organischen Suchergebnissen durch Suchmaschinenroboter. Die Einteilung in Unterkategorien sieht wie folgt aus.

13.2.1 Onpage-Optimierung

Ein Kriterium kann dieser Unterkategorie zugeordnet werden, wenn hinterlegte Informationen oder Techniken für User im Frontend sichtbar sind.

13.2.2 Offpage-Optimierung

Ein Kriterium kann dieser Unterkategorie zugeordnet werden, wenn Informationen oder Techniken, für User im Frontend unsichtbar sind.

13.3 Oberkategorie Technik

Die technische Beschaffenheit einer Softwareplattform spielt, wie bereits erwähnt, eine relevante Rolle. Ein WCMS basiert auf technischen Verfahren in Form von Mechanismen, Funktionen oder Prozessen, die automatisiert ineinander greifen und somit ein effizienteres Webpublishing und gleichzeitig Sicherheit ermöglichen.

Zu dieser Oberkategorie zählen daher Kriterien, deren technische Mechanismen, Funktionen oder Prozesse, den Workflow vereinfachen oder das Ausführen von Arbeitsaufgaben im System selbst ermöglichen[86] oder die Organisation von digitalen Inhalten unterstützen.

Die Sicherheit eines WCMS ist in vielerlei Hinsicht abhängig von Technik. Dazu zählen Datenintegrität, Systemstabilität, Zugriffsschutz, Erweiterbarkeit.

---

[86] Dadurch sinkt bsw. die Abhängigkeit von externen Softwareprogrammen wie bsw. die Nutzung eines Newslettermoduls im WCMS oder die Organisation von digitalen Medieninhalten (digital Assets).

13.3.1 Sicherheitstechnik

Ein Kriterium kann dann zugeordnet werden, wenn es Techniken oder Mechanismen enthält, die zur inneren und äußeren Sicherheit und Stabilität des Systems beitragen oder zukünftige Aspekte in diesem Kontext berücksichtigen.

13.3.2 Informationstechnik

Ein Kriterium kann dann zugeordnet werden, wenn es Techniken oder Mechanismen einsetzt, die die Effizienz im Zusammenhang mit der automatischen Information von Zielgruppen (im Sinne des Marketing) steigern. Dabei werden relevante Informationen automatisch zur Verfügung gestellt, wodurch Rückschlüsse auf zukünftige Handlungen möglich sind.

13.3.3 Workflowtechnik

Ein Kriterium kann dann zugeordnet werden, wenn es Techniken oder Mechanismen nutzt, die den Webpublishingprozess effizienter gestalten und automatisch Informationen bereitstellt oder Kommunikation untereinander ermöglicht.

13.3.4 Assetmanagement-Technik

Ein Kriterium kann dann zugeordnet werden, wenn es Funktionen oder Techniken bereitstellt, mit denen sich Medieninhalte hochladen, organisieren, auffinden, kennzeichnen, abspielen oder bearbeiten lassen.

13.4 Recht

Eine weitere Oberkategorie ist „Recht". Sie entstammt keiner für diese Arbeit relevanten Disziplin. Sie fokussiert Datenschutzkonformität und geltendes Recht, die bei der Nutzung und Verarbeitung von persönlichen Information, durch den Einsatz spezieller Tools bzw. Techniken, gewährleistet werden müssen. Diese Oberkategorie verfügt nicht über eigene Kriterien und tritt immer einzig und allein in Kombination mit anderen Kategorien auf.

13.5 Zukunftsfähigkeit

Da sich die Anforderungen an ein WCMS im Laufe der Zeit ändern können, sollten sie über die Fähigkeit verfügen mitzuwachsen. Das hat ebenfalls monetäre Gründe. Daher werden in dieser Oberkategorie Kriterien zusammengefasst, die die zukünftige Nutzung eines WCMS berücksichtigen. Eine weitere Unterteilung wird nicht vorgenommen.

Während der Kategorisierung stellte sich heraus, dass Kriterien sekundär und tertiär mit anderen Oberkategorien verknüpft sind. Diese Mischkategorien wurden entsprechend berücksichtigt und begründet. Eine genaue Übersicht liefert die Kategorienmatrix im Anhang. Die Mischkategorien sind anhand der Farbcodes kenntlich gemacht. Des weiteren befindet sich die Checkliste ebenfalls im Anhang.

14 Fazit

Es ist davon auszugehen, dass zukünftige Benutzern leichter bzw. einfacher mit einem System umgehen können, je mehr Auswahlkriterien während des Auswahlprozesses für ein WCMS berücksichtigt werden.

Hinzu kommt der individuelle Aufwand, der berücksichtigt werden muss. Es gibt Systeme, die in ihrer Standardkonfiguration schon sehr viel Funktionalität mitbringen, aber gleichzeitig unübersichtlich wirken und es gibt Systeme, die auf das Nötigste reduziert sind und zeitaufwändig erweitert werden können, bis sie den Anforderungen gerecht werden.

Für welches System man sich letztendlich entscheidet, ist immer von personellen und finanziellen Gegebenheiten abhängig.

Literaturverzeichnis

Broschart, Steven: Suchmaschinenoptimierung & Usability. Website-Ranking und Nutzerfreundlichkeit verbessern, 2. Aufl., Poing:Franzis, 2011.

Bruns, Sebastian: Textlinguistik und Web Usability: 2007,zugl.:Bayreuth,Univ., „B.A.", Zitiert nach: Hofer, Klaus: Good webrations 2.0 eine Webwirkungsanalyse, Augsburg: Agentur für interaktive Kommunikation, 2000, S. 104.

Fischer, Mario: Website Boosting 2.0. Suchmaschinen-Optimierung, Usability Online-Marketing, 2. Aufl., mitp: Heidelberg/München/Landsberg, 2009.

Gebrauchstauglichkeit von Software 1. Grundsätzliche Empfehlungen für Produkt- und Prozessgestaltung, Hrsg: DIN,VDE, Zürich/Berlin/Wien:Beuth, 2011.

Gebrauchstauglichkeit von Software 2. Konkrete Empfehlungen für Interaktions- und Informationsgestaltung, Zürich/Berlin/Wien:Beuth, 2011 Berlin.

Manhartsberger, Martina / Musil, Sabine: Web Usability. Das Prinzip des Vertrauens, 1. Aufl. , Bonn: Galileo Press, 2001.

Nielsen, Jakob / Loranger, Hoa: Web Usability, Addison Wesley: München, 2006.

Winkler, Jan: Websites pushen. Suchmaschinenoptimierung, Google AdSense und Affiliate-Marketing, Poing:Franzis, 2008.

Internetquellen

Browserkompatibilität: Probleme mit der Darstellung von Webseiten in verschiedenen Browsern. URL:http://www.usability-tipps.de/info/index.php/browserkompatibilitat-probleme-darstellung-webseiten-in-verschiedenen-browsern [21.09.2012].

Contao für Google Page Speed optimieren
URL:http://www.contao.org/de/news/contao-fuer-google-page-speed-optimieren.html [24.06.2012]. (Pagespeed Optimierung)

Emanzipation des Intranets – Collaboration liegt im Trend.
URL: http://www.content-studie.de/content-studie-2011 [24.06.2012].

Handbuch Usability
URL:http://www.handbuch-usability.de/begriffsdefinition.html [24.06.2012].

URL:http://www.sitecore.net/Products/Web-Content-Management/Mobile-Web.aspx [24.06.2012].

Scholl, Michael: Wie das CMS lastverteilt betrieben wird: Lastenausgleich mit TYPO3
URL:http://t3n.de/magazin/lastenausgleich-typo3-cms-lastverteilt-betrieben-219806/2/ Stand: [29.06.2012].

WordPress CMS
URL: http://www.3task.de/wordpress-cms [04.09.2012].

Zukunftsfähigkeit
URL:http://www.jdk.de/de/cms/wcm-cms-web-content-management/auswahlkriterien-wcm/zukunftsfaehigkeit-erweiterung.html [04.09.2012].

TYPO3 wächst mit den Anforderungen

URL:http://www.aoemedia.de/typo3-cms/skalierbarkeit.html [28.10.2012]

TYPO3-Funktionen für Unternehmen
URL:http://www.aoemedia.de/typo3-cms/enterprise-features.html [28.10.2012].

Newsletters
URL:http://www.contao.org/de/newsletters.html [20.5.2012].

Wissenschaftliche Quellen:
Heck, Christian: Konzeption und Realisierung einer Intranet-Lösung mit TYPO3 auf Basis der Knoppix Linux-Distribution und VMware, zugl.:Karlsruhe, Univ., „Dipl.-Arb.", 2005, S.19.

Krüger, Johannes: CMS für die Schule – Entwicklung einer Schulplattform mit TYPO3, zugl.:Krems, Donau Universität, „MA", 2006.

Zeitschriften
Coenen, Ludwig: Effizientes SEO für Redaktionen, in: Website Boosting, (2011),8, S. 44 f.
Büren, A., Riempp, G. (2002): State-of-the-Art des Content Managements im deutschsprachigen Raum, in: Information Management & Consulting, 17. Jg. (2002), 2, S. 81-88 (im Anhang).

Broschüren
Verwaltungs-Berufsgenossenschaft (VBG): Nutzungsqualität von Software. Grundlegende Informationen zum Einsatz von Software in Arbeitssystemen, Wiesbaden: BC Verlags- und Mediengesellschaft, 2003 (im Anhang).

Ebooks
Contentmanager.de: Opensource CMS im Vergleich (im Anhang).

Abbildungsverzeichnis

Abb. 1:	Unterschiedliche Ansprüche während des Auswahlprozesses	S. 13
Abb. 2:	Darstellung prototypischer Vertreter von WCMS	S. 22
Abb. 3:	Konzept der Gebrauchstauglichkeit (ISO 9241-11). Beziehung zwischen diesem Teil von ISO 9241 und ISO 9241-11 sowie ISO 9241-12	S. 26
Abb. 4:	Überschneidungen in den Kategorien	S. 80

Anhang:

Kategorienmatrix

Mit der Kategorienmatrix wird eine Übersicht über Oberkategorien und Mischkategorien gegeben. Anhand der farbigen Kodierung in der ersten Spalte wird die Zugehörigkeit zu einer Ober- oder Mischkategorie ersichtlich. Im Anschluss an die Kategorienmatrix folgt die eigentliche Checkliste.

Web Usability
SEO
Technik
Software- / Web Usability
Web Usability / SEO
Web Usability / Technik
Web Usability / Recht
Technik/Software Usability
SEO / Technik / Webusability
Technik / Recht / Web Usability
SEO / Technik / Software Usability / Web Usability
SEO / Technik / Software Usability
SEO / Software Usability
Zukunftsfähigkeit

Software Usability

Kapitel	Unterkategorie	Begründung Zugehörigkeit zu einer Unterkategorie
7.1.1.	Individualisierbarkeit	Unterschiedliche Dialogtechniken werden angeboten.
7.1.2.	Individualisierbarkeit	Unterschiedliche Dialogtechniken werden angeboten.
7.1.3.	Individualisierbarkeit	Unterschiedliche Dialogtechniken werden angeboten.
7.1.4.	Individualisierbarkeit	Unterschiedliche Dialogtechniken werden angeboten.
8.1.	Fehlertoleranz	Schützt den Benutzer vor schwerwiegenden Auswirkungen einer Handlung.

8.1.	Fehlertoleranz	Schützt den Benutzer vor schwerwiegenden Auswirkungen einer Handlung.
8.2.	Aufgabenangemessenheit	Der Benutzer wird unterstützt, da nur die für die Erledigung einer Aufgabe benötigten Informationen angezeigt werden.
8.2.	Selbstbeschreibungsfähigkeit	Das System gibt einen Überblick über die nächsten Dialogschritte.
8.2.	Erwartungs-konformität	Entspricht vorhersehbaren Benutzerbelangen, denn der Benutzer möchte das System sofort verwenden.
8.2.	Lernförderlich-keit	Dialogschritte können ohne nachteilige Auswirkung neu ausprobiert werden.
8.2.	Selbstbeschreibungsfähigkeit	Das System gibt einen Überblick über die nächsten Dialogschritte.
8.2.	Selbstbeschreibungsfähigkeit	Dadurch wird offensichtlich, welche Handlungen unternommen werden können.
8.2.	Selbstbeschreibungsfähigkeit	Das System gibt einen Überblick über die nächsten Dialogschritte.
8.2.	Selbstbeschreibungsfähigkeit	Durch angezeigte Informationen erkennt der Benutzer, ob er die Aufgabe erfolgreich abgeschlossen hat.
8.2.	Selbstbeschreibungsfähigkeit	Durch angezeigte Informationen erkennt der Benutzer, ob er die Aufgabe erfolgreich abgeschlossen hat.
8.2.	Steuerbarkeit	Voreingestellte Werte können geändert werden.
8.3.	Aufgabenangemessenheit	Ein solches Profil unterstützt den Benutzer ebenfalls dabei, seine Aufgaben zu erledigen.
8.3.	Aufgabenangemessenheit	Unnötige Interaktionen werden dadurch minimiert.
8.3.	Selbstbeschreibungsfähigkeit	Dadurch wird für den Benutzer ersichtlich, welche Handlungen unternommen werden können.
8.3.	Fehlertoleranz	Fehler können mit minimalem Korrekturaufwand korrigiert werden.
8.4.	Individualisier-barkeit	Darstellung von Informationen kann geändert werden.
8.4.1.	Individualisier-barkeit	Mensch-System-Interaktion kann geändert werden.
8.4.2.	Individualisier-barkeit	Darstellung von Informationen kann geändert werden.

8.4.3.	Individualisierbarkeit	Darstellung von Informationen kann geändert werden.
8.4.3.	Individualisier-barkeit	Mensch-System-Interaktion kann geändert werden.
8.5.1.	Aufgabenangemessenheit	Der Benutzer wird unterstützt, seine Arbeitsaufgabe zu erledigen. .
8.5.2.	Aufgabenangemessenheit	Der Benutzer wird unterstützt, seine Arbeitsaufgabe zu erledigen.
8.6.	Individualisier-barkeit	Darstellung von Informationen kann geändert werden.
8.7.	Aufgabenan-gemessenheit	Der Benutzer wird unterstützt, seine Arbeitsaufgabe zu erledigen.
8.7.	Steuerbarkeit	Die Anzeige der dargestellten Datenmenge kann gesteuert werden.
8.7.	Steuerbarkeit	Die Anzeige der dargestellten Datenmenge kann gesteuert werden.
8.8.	Individualisier-barkeit	Darstellung von Informationen kann an individuelle Bedürfnisse angepasst werden.

Formulardialoge

	Kapitel	*Unterkategorie*	*Begründung Zugehörigkeit zu einer Unterkategorie*
9.1.	Selbstbe-schrei-bungsfähig-keit	Das System gibt einen Überblick über die nächsten Dialogschritte.	Dieses Kriterium gilt gleichzeitig für Backend und Frontenduser.
9.2.	Fehlertole-ranz	Bewahrt Nutzer vor schwerwiegenden Auswirkungen.	Dieses Kriterium gilt gleichzeitig für Backend und Frontenduser.
9.3.1.	Erkennbar-keit	Die Aufmerksamkeit des Benutzers wird auf benötigte Informationen gelenkt.	Dieses Kriterium gilt gleichzeitig für Backend und Frontenduser.
9.3.2.	Erwar-tungskon-formität	Entspricht allg. Konventionen.	Dieses Kriterium gilt gleichzeitig für Backend und Frontenduser.
9.3.3.	Selbstbe-schrei-bungsfähig-keit	Informationen über zu erwartende Eingaben werden bereitgestellt.	Dieses Kriterium gilt gleichzeitig für Backend und Frontenduser.
9.4.	Selbstbe-schrei-bungsfähig-keit	Informationen über zu erwartende Eingaben werden bereitgestellt.	Dieses Kriterium gilt gleichzeitig für Backend und Frontenduser.

9.5.1.	Unterscheidbarkeit	Angezeigte Elemente lassen sich dadurch besser unterscheiden.	Dieses Kriterium gilt gleichzeitig für Backend und Frontenduser.
9.5.2.	Erwartungskonformität	Entspricht allg. Konventionen.	Dieses Kriterium gilt gleichzeitig für Backend und Frontenduser.
9.5.2.	Erwartungskonformität	Entspricht allg. Konventionen.	Dieses Kriterium gilt gleichzeitig für Backend und Frontenduser.
9.5.2.	Erwartungskonformität	Entspricht allg. Konventionen und Erfahrungen des Nutzers.	Dieses Kriterium gilt gleichzeitig für Backend und Frontenduser.
9.5.3.	Erwartungskonformität	Entspricht allg. Konventionen.	Dieses Kriterium gilt gleichzeitig für Backend und Frontenduser.
9.5.4.	Unterscheidbarkeit	Dadurch können die angezeigten Gruppen voneinander unterschieden werden.	Dieses Kriterium gilt gleichzeitig für Backend und Frontenduser.
9.5.5.	Lesbarkeit	Dadurch wird leichtes Lesen ermöglicht.	Dieses Kriterium gilt gleichzeitig für Backend und Frontenduser.
9.6.	Selbstbeschreibungsfähigkeit	Dadurch wird die Interaktion für Benutzer offensichtlich.	Dieses Kriterium gilt gleichzeitig für Backend und Frontenduser.
9.6.	Unterscheidbarkeit	Die angezeigten Pflichtfelder können von normalen Feldern genau unterschieden werden.	Dieses Kriterium gilt gleichzeitig für Backend und Frontenduser.
9.7.	Selbstbeschreibungsfähigkeit	Die angezeigten Informationen leiten den Benutzer, den Dialog erfolgreich abzuschließen.	Dieses Kriterium gilt gleichzeitig für Backend und Frontenduser.
9.7.	Erwartungskonformität	Vertrautes Vokabular sollte verwendet werden.	Dieses Kriterium gilt gleichzeitig für Backend und Frontenduser.
9.8.	Selbstbeschreibungsfähigkeit	Dadurch wird offensichtlich, welche Handlung unternommen werden kann.	Dieses Kriterium gilt gleichzeitig für Backend und Frontenduser.
9.9.	Steuerbarkeit	Verfügbare Eingabemittel können genutzt werden.	Dieses Kriterium gilt gleichzeitig für Backend und Frontenduser.
9.9.	Steuerbarkeit	Verfügbare Eingabemittel können genutzt werden.	Dieses Kriterium gilt gleichzeitig für Backend und Frontenduser.

9.9.	Aufgaben-ange-messenheit	Unterstützt den Benutzer, die Aufgabe zu erledigen, durch die Minimierung unnötiger Interaktionen (Mausklicks).	Dieses Kriterium gilt gleichzeitig für Backend und Frontenduser.
9.9.	Aufgaben-ange-messenheit	Unterstützt den Benutzer, die Aufgabe zu erledigen, durch die Minimierung unnötiger Interaktionen (Mausklicks).	Dieses Kriterium gilt gleichzeitig für Backend und Frontenduser.
9.10.1.	Aufgaben-ange-messenheit	Unterstützt den Benutzer, die Aufgabe zu erledigen, durch die Minimierung unnötiger Interaktionen.	Dieses Kriterium gilt gleichzeitig für Backend und Frontenduser.
9.10.2.	Aufgaben-ange-messenheit	Unterstützt den Benutzer, die Aufgabe durch die Minimierung unnötiger Interaktionen zu erledigen.	Dieses Kriterium gilt gleichzeitig für Backend und Frontenduser.
9.10.3.	Aufgaben-ange-messenheit	Dadurch wird der Benutzer unterstützt, seine Aufgabe erfolgreich zu beenden.	Dieses Kriterium gilt gleichzeitig für Backend und Frontenduser.
9.11.1.	Aufgaben-ange-messenheit	Unterstützt den Benutzer, die Aufgabe durch die Minimierung unnötiger Interaktionen zu erledigen.	Dieses Kriterium gilt gleichzeitig für Backend und Frontenduser.
9.11.2.	Aufgaben-ange-messenheit	Unterstützt den Benutzer, die Aufgabe durch die Minimierung unnötiger Interaktionen zu erledigen.	Dieses Kriterium gilt gleichzeitig für Backend und Frontenduser.
9.11.3.	Aufgaben-ange-messenheit	Unterstützt den Benutzer, die Aufgabe durch die Minimierung unnötiger Interaktionen zu erledigen.	Dieses Kriterium gilt gleichzeitig für Backend und Frontenduser.
9.11.3.	Aufgaben-ange-messenheit	Diese Funktion basiert auf charakteristischen Eigenschaften der Arbeitsaufgabe.	Dieses Kriterium gilt gleichzeitig für Backend und Frontenduser.
9.12.1.	Lernförder-lich-keit	Dialogschritte können ohne nachteilige Auswirkungen neu ausprobiert werden.	Dieses Kriterium gilt gleichzeitig für Backend und Frontenduser.
9.12.2.	Fehlertole-ranz	Unterstützt den Benutzer dabei, Fehler zu entdecken.	Dieses Kriterium gilt gleichzeitig für Backend und Frontenduser.
9.12.2.	Fehlertole-ranz	Aktive Unterstützung der Fehlerbehebung.	Dieses Kriterium gilt gleichzeitig für Backend und Frontenduser.
9.12.3.	Lernförder-lich-keit	Dialogschritte können ohne nachteilige Auswirkungen neu ausprobiert werden.	Dieses Kriterium gilt gleichzeitig für Backend und Frontenduser.
9.13.1.	Erkennbar-keit	Die Aufmerksamkeit des Benutzers wird auf benötigte (Standort) Informationen gelenkt.	Dieses Kriterium gilt gleichzeitig für Backend und Frontenduser.
9.13.2.	Fehlertole-ranz	Das System unterstützt den Benutzer dabei, Fehler zu entdecken.	Dieses Kriterium gilt gleichzeitig für Backend und Frontenduser.

9.13.2.	Fehlertoleranz	Das System stellt Erläuterungen bereit, um die Fehlerbeseitigung zu erleichtern.	Dieses Kriterium gilt gleichzeitig für Backend und Frontenduser.
9.13.2.	Fehlertoleranz	Weiterführende Informationen werden zur Verfügung gestellt.	Dieses Kriterium gilt gleichzeitig für Backend und Frontenduser.
9.13.3.	Lernförderlichkeit	Die Rückmeldung über das Endergebnis hilft dem Benutzer dabei, aus erfolgreichen Handlungen zu lernen.	Dieses Kriterium gilt gleichzeitig für Backend und Frontenduser.
9.14.1.	Kompaktheit	Alle für die Auswahl benötigten Informationen werden dem Benutzer kompakt angezeigt.	Dieses Kriterium gilt gleichzeitig für Backend und Frontenduser.
9.14.2.	Steuerbarkeit	Die Richtung des Dialogs kann beeinflusst werden.	Dieses Kriterium gilt gleichzeitig für Backend und Frontenduser.
9.15.1.	Aufgabenangemessenheit	Minimierung unnötiger Interaktionen. Das Speichern des Formulars ist ebenfalls durch Drücken der Entertaste möglich.	Dieses Kriterium gilt gleichzeitig für Backend und Frontenduser.
9.15.2.	Selbstbeschreibungsfähigkeit	Die angezeigten Informationen leiten den Benutzer, eine Aufgabe erfolgreich zu beenden.	Dieses Kriterium gilt gleichzeitig für Backend und Frontenduser.
9.15.2.	Steuerbarkeit	Verfügbare Eingabemittel können zur Steuerung des Dialogs genutzt werden.	Dieses Kriterium gilt gleichzeitig für Backend und Frontenduser.
9.16.1.	Fehlertoleranz	Daten werden auf Korrektheit und Gültigkeit geprüft.	Dieses Kriterium gilt gleichzeitig für Backend und Frontenduser.
9.16.2.	Fehlertoleranz	Daten werden auf Korrektheit und Gültigkeit geprüft.	Dieses Kriterium gilt gleichzeitig für Backend und Frontenduser.
9.17.1.1	Unterscheidbarkeit	Ausgewählte Radiobuttons können von anderen unterschieden werden.	Dieses Kriterium gilt gleichzeitig für Backend und Frontenduser.
9.17.1.2	Aufgabenangemessenheit	Dadurch werden unnötige Interaktionen minimiert (scrollen).	Dieses Kriterium gilt gleichzeitig für Backend und Frontenduser.
9.18.	Selbstbeschreibungsfähigkeit	Die angezeigten Informationen leiten den Benutzer, eine Aufgabe erfolgreich zu beenden.	Dieses Kriterium gilt gleichzeitig für Backend und Frontenduser.
9.18.	Aufgabenangemessenheit	Dadurch wird der Benutzer unterstützt, seine Aufgabe erfolgreich zu beenden.	Dieses Kriterium gilt gleichzeitig für Backend und Frontenduser.
9.18.	Lesbarkeit	Dadurch wird Lesbarkeit gefördert.	Dieses Kriterium gilt gleichzeitig für Backend und Frontenduser.

9.19.	Erwartungskonformität	Entspricht allg. Konventionen, mit denen der Nutzer bereits vertraut ist.	Dieses Kriterium gilt gleichzeitig für Backend und Frontenduser.
9.20.	Aufgabenangemessenheit	Unnötige Arbeitsschritte werden minimiert.	Dieses Kriterium gilt gleichzeitig für Backend und Frontenduser.

Web Usability

	Kapitel	*Unterkategorie*	*Begründung Zugehörigkeit zu einer Unterkategorie*
10.1.	Erwartungskonformität	Das entspricht allgemeinen Konventionen und den Erwartungen der Nutzer.	
10.1.	Erwartungskonformität	Das entspricht allgemeinen Konventionen und den Erwartungen der Nutzer.	
10.1.	Selbstbeschreibungsfähigkeit	Dadurch wird ersichtlich, an welcher Stelle im Dialog sich der Benutzer befindet.	
10.1.1.	Erwartungskonformität	Diese Funktion entspricht allgemein anerkannten Konventionen. Benutzer kennen sie bereits.	
10.1.2.	Erwartungskon-formität	Diese Funktion entspricht allgemein anerkannten Konventionen. Benutzer kennen sie bereits.	
10.2.1.	Erwartungskon-formität	Diese Funktion entspricht allgemein anerkannten Konventionen. Benutzer kennen sie bereits.	
10.2.2.	Erwartungskon-formität	Diese Funktion entspricht allgemein anerkannten Konventionen. Benutzer kennen sie bereits.	
10.2.3.	Erwartungskon-formität	Diese Funktion entspricht allgemein anerkannten Konventionen. Benutzer kennen sie bereits aus Formularen.	
10.3.	Selbstbeschreibungsfähigkeit	Dadurch wird offensichtlich an welcher Stelle auf der Webseite man sich befindet.	
10.3.	Selbstbeschreibungsfähigkeit	Dadurch wird offensichtlich welche Handlungen unternommen werden können.	

10.3.	Erkennbarkeit	Dadurch wird Aufmerksamkeit des Benutzers auf benötigte Informationen gelenkt.	
10.4.	Erkennbarkeit	Lenkt die Aufmerksamkeit des Benutzers auf benötigte Informationen, welcher Menüpunkt gerade aktiv ist.	
10.4.	Selbstbeschreibungsfähigkeit	Dadurch wird zusätzlich verdeutlicht, an welcher Stelle im Dialog sich ein Benutzer befindet.	
10.5.	Aufgabenangemessenheit	Die Funktion „Übersicht geben" basiert auf der charakteristischen Eigenschaft der Arbeitsaufgabe „Orientierung".	Sie bietet Frontendusern Orientierung und verbessert das Ranking einer Webseite.
10.6.	Erwartungskonformität	Das entspricht allgemeinen Konventionen und den Erwartungen der Nutzer.	
10.7.	Unterscheidbarkeit	Dadurch können Webseitenbesucher eine Seite von einer anderen unterscheiden.	Er dient Frontendusern als Orientierung und hat Auswirkungen auf die Bewertung einer Webseite.
10.8.	Erwartungskonformität	Das entspricht allgemeinen Konventionen und den Erwartungen der Nutzer.	
10.9.	Erwartungskonformität	Das entspricht allgemeinen Konventionen und den Erwartungen der Nutzer.	Der Frontenduser erwartet ein Feedback zu einer Bestellung und es ist von Rechtswegen vorgeschrieben.
10.9.	Aufgabenangemessenheit	Unnötige Interaktion wird minimiert.	Das WCMS muss über eine entsprechende Technik verfügen und für Frontenduser ist es komfortabel, sich einmalig zu registrieren.
10.10.	Erwartungskonformität	Das entspricht allgemeinen Konventionen und den Erwartungen der Nutzer .	Laut EU Datenschutzdirektive muss das Einverständnis der Benutzer eingeholt werden und Frontenduser möchten keine unerwünschten Newsletter erhalten.

10.11.	Aufgabenangemessenheit	Die Funktion „Kontaktformular" orientiert sich an charakteristischen Eigenschaften der Aufgabe „In Kontakt treten".	
10.11.	Lernförderlichkeit	Am Ende des Dialogs wird eine Rückmeldung über das Endergebnis bereitgestellt.	
10.12.	Aufgabenangemessenheit	Die Form der Ausgabe wird der Arbeitsaufgabe angepasst.	
10.12.	Erwartungskonformität	Das entspricht allgemeinen Konventionen und den Erwartungen der Nutzer.	Frontenduser können sich relevante Informatioen herunterladen und die SEO wird positiv beeinflusst.
10.13.	Erwartungskonformität	Das entspricht allgemeinen Konventionen und den Erwartungen der Nutzer.	Java Script enthält keinen verwertbaren Content für Suchmaschinen, sofern diese nicht im NO Script Bereich hinterlegt werden und Frontenduser werden bei deaktiviertem Java Script ausgeschlossen.
10.15.	Erwartungskonformität	Das entspricht allgemeinen Konventionen und den Erwartungen der Nutzer.	
10.15.	Erwartungskonformität	Das entspricht allgemeinen Konventionen und den Erwartungen der Nutzer.	
10.15.	Erwartungskonformität	Das entspricht allgemeinen Konventionen und den Erwartungen der Nutzer.	
10.15.	Erwartungskonformität	Das entspricht allgemeinen Konventionen und den Erwartungen der Nutzer.	
10.15.	Erwartungskonformität	Das entspricht allgemeinen Konventionen und den Erwartungen der Nutzer.	
10.15.	Erwartungskonformität	Das entspricht allgemeinen Konventionen und den Erwartungen der Nutzer.	
10.15.	Aufgabenangemessenheit	Charakteristische Eigenschaften der Arbeitsaufgabe werden berücksichtigt.	

10.16.	Individualisierbarkeit	Benutzer können die Mensch-System-Interaktion ändern.	
10.16.	Aufgabenange-messenheit	Charakteristische Eigenschaften der Arbeitsaufgabe werden berücksichtigt.	
10.17.	Erwartungskonformität	Das entspricht allgemeinen Konventionen und den Erwartungen der Nutzer.	Die Technik eines WCMS ermöglicht das User mobiler Endgeräte nicht ausgeschlossen werden.
10.18.	Erwartungskonformität	Das entspricht allgemeinen Konventionen und den Erwartungen der Nutzer.	
10.18.	Klarheit	Durch die Unterschrift wird schnell und genau vermittelt, worum es sich bei dem Bild handelt.	Diese Informationen sind wichtig für Suchmaschinen und nützlich für Frontenduser.
10.18.	Erwartungskonformität	Der Nutzer erwartet zu jederzeit ein vernünftiges Webseiten-Layout vorzufinden.	
10.18.	Erwartungskonformität	Das entspricht allgemeinen Konventionen und den Erwartungen der Nutzer.	
10.19.	Fehlertoleranz	Durch validen Code werden Fehler bei der Darstellung in unterschiedlichen Browsern vermieden.	Durch validen Code wird die Seite besser bewertet und Browserkompatibilität für Frontenduser gefördert.
10.19.	Fehlertoleranz	Das beabsichtigte Ergebnis (Browserkompatibilität) wird durch Fehlerkorrektur erreicht.	
10.19.	Fehlertoleranz	Das beabsichtigte Ergebnis (Browserkompatibilität) wird durch Fehlerkorrektur erreicht.	
10.19.	Fehlertoleranz	Das beabsichtigte Ergebnis (Browserkompatibilität) wird durch Fehlerkorrektur erreicht.	
10.20.	Aufgabenangemessenheit	Diese Funktionalität berücksichtigt charakteristische Eigenschaften der Arbeitsaufgabe, wieder zum Anfang zu gelangen. Scrollen entfällt.	

10.21.	Erwartungskonformität	Das entspricht allgemeinen Konventionen und den Erwartungen der Nutzer.	
10.22.	Verständlichkeit	Eindeutig interpretierbare Informationen werden bereitgestellt, die leicht zu verstehen sind.	
10.22.	Aufgabenangemessenheit	Charakteristische Eigenschaften des Dialogs werden berücksichtigt.	
10.23.	Verständlichkeit	Eindeutig interpretierbare Informationen werden bereitgestellt, die leicht zu verstehen sind.	
10.24.	Selbstbeschreibungsfähigkeit	Angezeigte Informationen leiten den Benutzer.	
10.25.	Unterscheidbarkeit	Angezeigte Informationen können genau unterschieden werden.	
10.25.	Unterscheidbarkeit	Dadurch können verschiedene Linkstadien unterschieden werden.	
10.26.	Aufgabenangemessenheit	Charakteristische Eigenschaften der Arbeitsaufgabe (immer die aktuellsten News aufzufinden) werden berücksichtigt.	
10.26.	Aufgabenangemessenheit	Unnötige Interaktion wird minimiert. Dadurch entfällt die Abmeldung vom Newsletter.	
10.28.	Lesbarkeit	Informationen können dadurch leichter gelesen werden.	
10.29.	Lesbarkeit	Informationen können dadurch leichter gelesen werden.	
10.30.1.	Unterscheidbarkeit	Angezeigte Informationen heben sich von anderen ab und können dadurch genau unterschieden werden.	
10.30.2.	Aufgabenangemessenheit	Die charakteristische Eigenschaft der Arbeitsaufgabe (Text ohne Ermüdung zu lesen) wird berücksichtigt.	
10.30.2.	Aufgabenangemessenheit	Die charakteristische Eigenschaft der Arbeitsaufgabe (Text ohne Ermüdung zu lesen) wird berücksichtigt.	
10.30.3.	Aufgabenangemessenheit	Die charakteristische Eigenschaft der Arbeitsaufgabe (Text ohne Ermüdung zu lesen) wird berücksichtigt.	

10.31.	Selbstbeschrei-bungsfähigkeit	Dadurch wird offensichtlich, welche weiteren Handlungen unternommen werden können.	
10.32.	Erwartungskonformität	Das entspricht allgemeinen Konventionen und den Erwartungen der Nutzer.	
10.33.	Erwartungskonformität	Das entspricht allgemeinen Konventionen und den Erwartungen der Nutzer.	Wenn ein WCMS diese Sicherheitstechnik beherrscht, dann wird das Vertrauen der Frontenduser gefördert.

Suchmaschinenoptimierung

Kapitel	Unterkategorie	Begründung für die Einteilung zu einer Mischkategorie
11.1.	Off Page-Optimierung	Das ist abhängig von der Technik. Suchmaschinen wie etwa Google akzeptieren nur XML Sitemaps, wodurch die Webseite besser bewertet und im Index aufgenommen wird. Backenduser werden entlastet.
11.2.	Off Page-Optimierung	
11.3.	Off Page-Optimierung	Dadurch sind Inhalte für Frontenduser weiterhin erreichbar und 404 Fehlermeldungen werden dadurch verhindert, wodurch das Ranking nicht negativ beeinflusst wird. Backenduser sind nicht gezwungen, die Informationen extern in der htaccess eintragen zu müssen.
11.4.1.	Off Page-Optimierung	Dadurch wird duplicate Content unterbunden und Webseitenbesuche werden autom. auf die einzig relevante Webseitenversion umgeleitet.
11.4.2.	On Page-Optimierung	Er ist neben einer besseren Bewertung wichtig für die Bookmarking Funktion und dient Frontendusern als klickbare Überschrift in Suchmaschinenergebnissen.
11.4.3.	On Page-Optimierung	Sie beeinflussen die Bewertung einer Webseite und sind eine wichtige Entscheidungshilfe für Frontenduser.
11.4.4.	Off Page-Optimierung	Neben der Funktion als Rankingfaktor werden genauere Suchergebnisse für Frontenduser ermöglicht.
11.4.5.	Off Page-Optimierung	
11.4.5.	Off Page-Optimierung	Durch diese Technik werden Backenduser unterstützt und Effizienz gefördert, da externe Arbeitsschritte entfallen.
11.4.6.	Off Page-Optimierung	
11.5.1.	Off Page-Optimierung	

11.5.2.	On Page-Optimierung	Dadurch werden Texte für Frontenduser attraktiver und Inhalte besser bewertet.
11.5.2.	On Page-Optimierung	Dadurch werden Texte für Frontenduser attraktiver und Inhalte besser bewertet.
11.6.	On Page-Optimierung	Frontenduser erhalten zusätzliche Informationen und die Webseite wird besser bewertet.
11.6.	On Page-Optimierung	Frontenduser erhalten eine Bildunterschrift und die Webseite wird besser bewertet, da Suchmaschinen blind sind was Bilder angeht!
11.7.	On Page-Optimierung	Das hat Auswirkungen auf die Bewertung einer Webseite und Frontenduser erhalten einen sichtbaren Hinweis auf die Funktion.
11.8.	On Page-Optimierung	Dadurch wird die Webseite besser bewertet und Informationen für Frontenduser können einfach zur Verfügung gestellt werden.
11.9.	On Page-Optimierung	Der Linktext ist eine wichtige Bewertungsgrundlage für Suchmaschinen und hilft Webseitenbesuchern bei der Entscheidung, ob es sich lohnt, den Link zu drücken.
11.11.	Off Page-Optimierung	
11.12.	Off Page-Optimierung	Dadurch wird eine verbesserte Browserkompatibilität für Frontenduser gefördert und die Webseite wird besser bewertet.
11.13.1.	Off Page-Optimierung	Dadurch wird die Webseite schneller für Frontenduser geladen und die Webseite wird besser bewertet.
11.13.2.	Off Page-Optimierung	Dadurch wird die Webseite schneller für Frontenduser geladen und die Webseite wird besser bewertet.
11.13.3	Off Page-Optimierung	Dadurch wird die Webseite schneller für Frontenduser geladen und die Webseite wird besser bewertet.
11.13.4.	Off Page-Optimierung	Dadurch wird die Webseite schneller für Frontenduser geladen und die Webseite wird besser bewertet.
11.13.5.	Off Page-Optimierung	Dadurch wird die Webseite schneller für Frontenduser geladen und die Webseite wird besser bewertet.
11.13.6.	Off Page-Optimierung	Dadurch wird die Webseite schneller für Frontenduser geladen und die Webseite wird besser bewertet.

Weitere Aspekte

Kapitel		Begründung für die Einteilung zu einer Oberkategorie	Begründung für die Einteilung zu einer Unterkategorie	Begründung für die Einteilung zu einer Mischkategorie
12.1.	Informations-technik	Durch den Einsatz dieser Technik können viele Abonnenten mit wenig Aufwand informiert werden.	Es handelt sich um eine Informations-technik im Sinne des Marketings.	
12.1.1.	Informations-technik	Stellt einen Mechanismus dar.	Es handelt sich um einen Mechanismus, der im Zusammen-hang mit der Informationstechnik steht.	Durch dieses technische Verfahren werden Webuser vor unerwünschten Newslet-tern geschützt, gleichzeitig wird geltendes Recht berücksichtigt.
12.1.2.	Informations-technik	Stellt einen effizienten Mechanismus dar.	Es handelt sich um einen Mechanismus, der im Zusammen-hang mit der Informationstechnik steht.	Durch diese Funktion wird der Arbeitsaufwand für Backen-duser reduziert und Effizienz gefördert.
12.1.3.	Informations-technik	Stellt eine technische Funktion dar.	Es handelt sich um einen Mechanismus, der im Zusammen-hang mit der Informationstechnik steht.	Diese Technik ermöglicht Empfängern, selbst zu entscheiden, wie die Informationen dargestellt werden sollen.
12.1.4.	Informations-technik	Stellt einen effizienten Mechanismus dar.	Es handelt sich um einen Mechanismus, der im Zusammen-hang mit der Informationstechnik steht.	
12.1.4. 12.1.4.	Informations-technik	Stellt einen Mechanismus dar.	Es handelt sich um einen Mechanismus, der im Zusammen-hang mit der Informationstechnik	

Kapitel		Begründung für die Einteilung zu einer Oberkategorie	Begründung für die Einteilung zu einer Unterkategorie	Begründung für die Einteilung zu einer Mischkategorie
			steht.	
12.1.4.	Informationstechnik	Stellt einen Mechanismus dar.	Es handelt sich um einen Mechanismus, der im Zusammenhang mit der Informationstechnik steht.	
12.1.4.	Informationstechnik	Stellt einen Mechanismus dar.	Es handelt sich um einen Mechanismus, der im Zusammenhang mit der Informationstechnik steht.	
12.1.5.	Informationstechnik	Stellt einen Mechanismus dar.	Es handelt sich um einen Mechanismus, der im Zusammenhang mit der Informationstechnik steht.	
12.1.6.	Informationstechnik	Stellt einen Mechanismus dar.	Es handelt sich um einen Mechanismus, der im Zusammenhang mit der Informationstechnik steht.	
12.2.1.	Workflowtechnik	Stellt einen Mechanismus dar.	Dadurch wird effizientes Webpublishing ermöglicht.	Durch diese Technik kann der Redakteur effizienter arbeiten.
12.2.1.	Workflowtechnik	Stellt einen Mechanismus dar.	Dadurch wird effizientes Webpublishing ermöglicht.	Durch diese Technik werden Backenduser unterstützt und Effizienz gefördert.
12.2.1.	Workflowtechnik	Stellt einen Mechanismus dar.	Dadurch wird effizientes Webpublishing ermöglicht.	Durch diese Technik werden Backenduser unterstützt und Effizienz gefördert.
12.2.1.	Workflowtechnik	Stellt eine technische	Dadurch wird effizientes Webpubli-	Durch diese Technik können Backenduser die korrekte

Kapitel		Begründung für die Einteilung zu einer Oberkategorie	Begründung für die Einteilung zu einer Unterkategorie	Begründung für die Einteilung zu einer Mischkategorie
		Funktion dar.	shing ermöglicht.	Darstellung einer Webseite im Vorfeld überprüfen, um Fehlern vorzubeugen.
12.2.2.	Workflowtechnik	Stellt einen Mechanismus dar.	Dadurch wird effizientes Webpublishing ermöglicht.	Durch diese Technik werden Backenduser entlastet und Effizienz gefördert.
12.2.3.	Workflowtechnik	Stellt einen Mechanismus dar.	Dadurch wird effizientes Webpublishing ermöglicht.	Durch diese Technik werden einzelne Backenduser unterstützt und Effizienz gefördert.
12.2.4.	Workflow	Stellt einen Mechanismus dar.	Dadurch wird effizientes Webpublishing ermöglicht.	Durch diese Technik werden einzelne Backenduser bei ihrer Arbeit unterstützt.
12.2.5.	Workflowtechnik	Stellt eine technische Funktion dar.	Dadurch wird effizientes Webpublishing ermöglicht.	Dadurch wird die Effizienz der Backenduser untereinander gefördert.
12.2.6.	Workflowtechnik	Durch den Einsatz dieser Technik kann auf externe Programme verzichtet werden.	Dadurch wird effizientes Webpublishing ermöglicht.	Durch diese Technik Werden Backenduser unterstützt, eine optimale Keyworddichte für die SEO zu gewährleisten.
12.3.1.	Sicherheitstechnik	Stellt eine technische Funktion dar.	Diese Technik fördert die Systemsicherheit.	Durch diese Technik Werden Backenduser unterstützt.
12.3.2.	Sicherheitstechnik	Durch diese Technik wird Datenintegrität ermöglicht.	Diese Technik fördert die Systemsicherheit.	Durch diese Technik werden Backenduser bei ihrer Arbeit entlastet.
12.3.3.	Sicherheitstechnik	Stellt einen Mechanismus dar.	Diese Technik fördert die Systemsicherheit.	
12.3.4.	Sicherheitstechnik	Stellt einen Mechanismus dar.	Diese Technik fördert die Datensicherheit.	Diese Technik ermöglicht es Backendusern Fehler leicht zu beheben.

Kapitel		Begründung für die Einteilung zu einer Oberkategorie	Begründung für die Einteilung zu einer Unterkategorie	Begründung für die Einteilung zu einer Mischkategorie
12.3.5.	Sicherheits-technik	Stellt einen Mechanismus dar.	Diese Technik schützt vor Broken Links.	Diese Technik reduziert den Arbeitsaufwand für Backenduser. Es wird proaktiv dafür gesorgt, dass Webseitenbesucher nicht unnötig mit Fehlermeldungen konfrontiert werden. Negativen Bewertungen durch Suchmaschinen kann somit vorgebeugt werden.
12.3.6.1.	Sicherheits-technik	Stellt einen Mechanismus dar.	Diese Technik gewährleistet die Aktualität und Sicherheit des Systems.	Durch diese Technik werden Backenduser entlastet.
12.3.6.2.	Sicherheits-technik	Stellt einen Mechanismus dar.	Diese Technik schützt vor Systeminstabilität.	Durch diese Technik werden Backenduser entlastet.
12.3.6.3.	Sicherheitstech-nik	Stellt einen Mechanismus dar.	Diese Technik fördert Aktualität.	Durch diese Technik werden Backenduser entlastet.
12.3.6.3.	Sicherheits-technik	Steht in Zusammenhang mit 12.3.6.3.	Steht in Zusammenhang mit 12.3.6.3.	Durch diese Technik wird der Arbeitsaufwand für Backenduser reduziert, Effizienz gefördert.
12.3.6.4.	Sicherheits-technik	Stellt einen Mechanismus dar.	Die Technik schützt vor Unerreichbarkeit.	Durch diese Technik wird gewährleistet, dass Webseitenbesucher eine Webseite immer erreichen können und die Seite von Suchmaschinen positiv bewertet wird.
12.3.6.5.	Sicherheits-technik	Stellt einen Mechanismus dar.	Die Technik schützt vor rechtlichen	Durch diese Technik werden rechtliche Aspekte

Kapitel		Begründung für die Einteilung zu einer Oberkategorie	Begründung für die Einteilung zu einer Unterkategorie	Begründung für die Einteilung zu einer Mischkategorie
			Problemen.	berücksichtigt und Datenschutz für Webseitenbesucher gewährleistet.
12.3.6.5.	Sicherheits-technik	Stellt einen Mechanismus dar.	Die Technik schützt vor rechtlichen Problemen.	Durch diese Technik werden rechtliche Aspekte berücksichtigt und Datenschutz für Webseitenbesucher gewährleistet.
12.4.	Assetman-agement Technik	Stellt einen Uploadmechanis-mus dar.	Mit dieser Technik können Medieninhal-te hochgeladen werden.	Durch diese Technik wird der Arbeitsaufwand für Backenduser reduziert, Effizienz gefördert.
12.4.	Assetman-agement Technik	Stellt eine Funktion dar.	Mit dieser Technik können Medieninhal-te strukturiert werden.	Durch diese Technik können Backenduser Medieninhalte individuell strukturieren, damit sie schneller gefunden werden können.
12.4.	Assetman-agement Technik	Stellt eine Funktion dar.	Mit dieser Technik können Medieninhal-te verschlagwortet werden.	Durch diese Technik wird der Aufwand für Backenduser reduziert, Effizienz gefördert.
12.4.	Assetman-agement Technik	Stellt einen Mechanismus dar.	Mit dieser Technik können Medieninhal-te gekennzeichnet werden.	Das fördert die Übersichtlichkeit für Backenduser.
12.4.	Assetman-agement Technik	Stellt eine Funktion dar.	Mit dieser Technik können Medieninhal-te abgespielt werden.	Diese Technik hilft Backendusern, die richtige Videodatei auszuwählen.
12.4.	Assetman-agement Technik	Stellt eine Funktion dar.	Mit dieser Technik können Medieninhal-te bearbeitet werden.	Durch diese Technik werden Backenduser unterstützt und Effizienz gefördert.

12.5.1.	Sicherheitstechnik	Existieren Long Term Editions des WCMS, um zukünftige Planungssicherheit zu gewährleisten?	Support und Sicherheitsupdates für einen bestimmten Zeitraum werden dadurch garantiert.
12.5.2.	Sicherheitstechnik	Existieren möglichst viele Anbieter, die Erweiterungen anbieten, um das System an zukünftige Anforderungen anzupassen?	Die Weiterentwicklung zukünftiger Anforderungen wird dadurch gesichert.
12.5.3.	Sicherheitstechnik	Existiert eine möglichst große Community, damit gewährleistet ist, dass das WCMS in Zukunft weiterentwickelt wird?	Die zukünftige Weiterentwicklung wird dadurch gesichert.
12.5.4.	Sicherheitstechnik	Kann das System mit zukünftig steigenden Nutzerzahlen und Datenmengen umgehen?	Der Umgang mit steigenden Anforderungen wird dadurch gesichert.
12.5.5.	Sicherheitstechnik	Ist das System auf zukünftige Anforderungen im Hinblick auf mehrsprachige Webauftritte gerüstet?	Die Ausweitung auf internationale Zielgruppen wird dadurch gewährleistet.
12.5.6.	Sicherheitstechnik	Verfügt das WCMS über viele Schnittstellen, die eine Integration in unternehmensweite Software in der Zukunft ermöglichen?	Berücksichtigt die zukünftige Nutzung eines WCMS.

Checkliste:

	Software Usability
7.1.1.	Kann ein Dialog über Menüs geführt werden, um gewünschte Prozesse auszuführen?
7.1.2.	Kann ein Dialog in Form einer Kommandosprache ausgeführt werden? Bsw. direkte Eingabe von Html-Code.
7.1.3.	Kann ein Dialog mittels direkter Manipulation ausgeführt werden? Bsw. durch Betätigen eines Schiebereglers.
7.1.4.	Kann ein Dialog mittels Bildschirmformular ausgeführt werden? Bsw. Eingabe von Daten in Formularfelder.
8.1.	Verhindert das System die Abschaltung schutzrelevanter und sicherheitskritischer Funktionen im Zuge der Individualisierung oder das Einstellen auf ungeeignete Werte?
	Stellt das System Informationen zur Verfügung, welche Risiken mit der Individualisierung verbunden sind?
8.2.	Befinden sich Konfigurationseinstellungen an einer zentralen Stelle im System?
	Besteht die Möglichkeit einer geführten Konfiguration?
	Kann das System auch ohne Erstkonfiguration verwendet werden?
	Besteht die Möglichkeit Konfigurationsmaßnahmen abzubrechen oder rückgängig zu machen?
	Bietet das System eine Übersicht über die Konfigurationsreihenfolge?
	Bietet das System Informationen zu Einstellungen, die vorkonfiguriert sind, jedoch abgeändert werden können?
	Zeigt das System eine Rückmeldung in Form einer Fortschrittsanzeige während der Konfiguration?
	Zeigt das System Angaben über noch verbleibende Konfigurationseinstellungen?
	Zeigt das System am Ende der Konfiguration an, ob diese erfolgreich war oder nicht?
	Können Standardwerte für sämtliche Konfigurationseinstellungen festgelegt, geändert oder entfernt werden?

8.3.	Werden Profile auf Grundlage von Stereotypen angeboten, wenn ein Benutzer nicht über ein individuelles Profil verfügt?
	Können allgemeine Angaben wie Benutzername und Passwort beim Loginvorgang gespeichert werden, um Zeit zu sparen?
	Werden Informationen über das aktuell gewählte Profil angezeigt? Bsw. Zugehörigkeit zu einer Gruppe oder zur Verfügung stehende Einstellungen.
	Besteht die Möglichkeit, aktuelle Benutzerprofile zu archivieren, um sie bei Bedarf wiederherzustellen, falls sie versehentlich gelöscht wurden?
8.4.	Besteht die Möglichkeit, neben dem Default-Schnittstellen-Stil andere Schnittstellen-Stile (Skins o. Backendthemes) zu verwenden?
8.4.1.	Besteht die Möglichkeit, nicht benötigte Schnittstellen-Elemente zu verbergen?
8.4.2.	Besteht die Möglichkeit, kontrast- oder farbspezifische Anzeigeeigenschaften zu ändern? Bsw. Farbschemata, Farbkombinationen für Vorder- und Hintergrund.
8.4.3.	Besteht die Möglichkeit, das Layout zu ändern und Benutzungsschnittstellenelemente neu zu positionieren?
	Besteht die Möglichkeit, optimierte Backend Themes einzusetzen, die ein optimiertes Layout bereitstellen und dadurch kürzere Mauswege ermöglichen?
8.5.1.	Besteht die Möglichkeit einer kontextsensitiven Benutzerführung, um bsw. automatisch ein Online Hilfethema aufzurufen, dass sich an der aktuellen Schnittstelle orientiert?
8.5.2.	Besteht die Möglichkeit, einer benutzersensitiven Benutzerführung, bei der Inhalte und Fehlermeldungen entsprechend der Kenntnisse des Benutzers formuliert sind?
8.6.	Besteht die Möglichkeit die systeminterne Hilfe für erfahrene Benutzer zu deaktivieren?
8.7.	Können Inhalte kommentiert werden, wenn es für die Arbeitsaufgabe angemessen erscheint? Bsw. ein Kommentarfeld am Ende eines Formulardialogs, dass Platz für relevante Infos bietet.
8.7.	Können Inhalte gefiltert werden, wenn es für die Arbeitsaufgabe angemessen erscheint?

8.7.	Können Inhalte verborgen werden, wenn es für die Arbeitsaufgabe angemessen erscheint?
8.8.	Besteht die Möglichkeit, individuelle Navigationsstrukturen im Hinblick auf unterschiedliche Benutzergruppen anzubieten? Bsw. reduziertes Menü für Editoren und erweitertes Menü für Administratoren.
	Formulardialoge
9.1.	Kann auf Verlangen eine Übersicht der Struktur bei komplexen Formularen angezeigt werden?
9.2.	Werden modale Dialogboxen genutzt, um eine weitere Interaktion zu verhindern, bis eine bestimmte Bedingung erfüllt ist? Bsw. Speichern von Daten, bevor man weiterarbeiten kann.
9.3.1.	Befinden sich Pflichtfelder innerhalb einer funktionalen oder logischen Gruppierung am Anfang?
9.3.2.	Werden numerische Formularfelder rechtsbündig ausgerichtet?
9.3.3.	Werden Informationen über zu erwartende Eingaben im Hinblick auf zulässige Feldwerte bereitgestellt? Bsw. bestimmte Formatangaben des Datums.
9.4.	Werden zusätzliche Beschriftungen oder Symbole für die Auslegung der Informationen bereitgestellt? Bsw. km/H, %, $.
9.5.1.	Sind alle Elemente und Elementgruppen mit Namen versehen, unabhängig davon, ob sie visuell dargestellt sind?
9.5.2.	Werden Text- oder alphanumerische Felder bei unterschiedlich langen Beschriftungen linksbündig ausgerichtet und die Beschriftung oberhalb der Felder vorgenommen?
9.5.2.	Werden unterschiedliche lange Beschriftungen bei Text- oder alphanumerischen Feldern rechtsbündig ausgerichtet und die Felder linksbündig, wenn sie vertikal ausgerichtet sind?
9.5.2.	Werden die Felder und Beschriftungen bei vertikaler Ausrichtung linksbündig ausgerichtet, sofern die Feldbeschriftungen keine deutlichen Unterschiede aufweisen?
9.5.3.	Sind Radiobuttons einheitlich auf der rechten Seite beschriftet oder bei ausreichender Größe auch innerhalb?
9.5.4.	Wird die Beschriftung bei Gruppen von Feldern am Anfang der jeweiligen Gruppe angegeben?
9.5.5.	Beginnen Beschriftungen von Textfeldern aus Gründen der Lesbarkeit mit Großbuchstaben?

9.6.	Werden Pflichtfelder aus Gründen der Unterscheidbarkeit zu optionalen Feldern durch ein Sternchen markiert, dass links neben der Beschriftung stehen sollte?
9.6.	Wird der Rahmen für Pflichtfelder in einer dickeren Linienart angezeigt, um sie von optionalen Feldern unterscheiden zu können?
9.7.	Werden benötigte Dateieingabeformate innerhalb des Eingabefeldes oder in der Feldbeschriftung angegeben?
9.7.	Sind Abkürzungen in Dateieingabeformaten für jeden verständlich bzw. sind Nutzer damit vertraut?
9.8.	Werden Schaltflächen mit visuellen Eingabehinweisen wie bsw. Auslassungspunkten (...) versehen, um darauf hinzuweisen, dass ein weiterer Dialog nötig ist, um einen Befehl auszuführen?
9.9.	Können alle Formularelemente mit Hilfe der Maus oder Tastatur betätigt werden?
9.9.	Ist es möglich, mit der Tabulatortaste in das nächste Formularfeld zu springen, um Cursorbewegungen zu minimieren?
9.9.	Springt der Cursor automatisch zum nächsten Feld weiter, sobald das vorherige Feld vollständig ausgefüllt wurde?
9.9.	Besteht in diesem Kontext die Möglichkeit zum letzen Feld zurückzuspringen, um Korrekturen im vorletzten Feld zu ermöglichen?
9.10.1	Können sich gegenseitig ausschließende Felder übersprungen werden, sobald eine Auswahlmöglichkeit getroffen wurde?
9.10.2	Ist es möglich bei mehreren Formularbereichen von Gruppe zu Gruppe zu springen, ohne alle Felder einer Gruppe durchlaufen zu müssen?
9.10.3	Wird ein Bildlauf bereitgestellt, wenn der eingegebene Text länger als das Formularfeld ist?
9.11.1	Wird der Fokusindikator bei erstmaliger Anzeige eines Formulars automatisch auf dem ersten Eingabefeld eines Formulars positioniert, dass ein Benutzer ausfüllen muss?
9.11.2	Befindet sich der Textindikator beim Wiedererlangen des Tastaturfokus an genau derselben Position, die er vorher besaß?
9.11.3	Liegt der Auswahlcursor bei einer Mehrfachauswahl in einem Listenfeld, auf dem ersten Element des Listenfeldes?
9.11.3	Können ausgewählte Elemente bei einer Mehrfachauswahl in einem Listenfeld durch eine Selektionsmarke gekennzeichnet werden?

9.12.1	Kann ein Formular in den Ausgangszustand zurückversetzt werden („Abbrechen oder nicht speichern"), um erneut zu beginnen, bevor die Daten verarbeitet werden?
9.12.2	Werden fehlerhafte Felder durch Hervorhebungen oder andere visuelle Kenntlichmachungen hervorgehoben? Bsw. Sternchen oder Invertierung der Inhalte.
9.12.2	Wird der Curosor zur Fehlerbehebung automatisch ins entsprechende Feld gesetzt?
9.12.3	Kann ein Formular geschlossen werden, ohne dabei Daten zu speichern? Bsw. durch Drücken der Esc- oder Abbrechen-Taste.
9.13.1	Wird ein erkennbarer Fokus-Indikator bereitgestellt, damit Benutzer erkennen welches Formularfeld aktuell den Tastaturfokus hat?
9.13.2	Wird unmittelbar nach der fehlerhaften Eingabe von Daten in einem Formularfeld durch Hervorhebung darauf hingewiesen?
9.13.2	Werden unmittelbar nach der Fehlerrückmeldung Hinweise auf die Art des Fehlers gegeben?
9.13.2	Werden unmittelbar nach der Fehlerrückmeldung korrekte Eingabemöglichkeiten vorgeschlagen?
9.13.3	Erfolgt eine Rückmeldung, dass der Datenbestand einer Datenbank aktualisiert wurde?
9.14.1	Ist ein direkter Zugriff auf Formulare möglich? Entweder über den Namen oder die Auswahl aus einem Menü (bsw. Treeview).
9.14.2	Ist es möglich, bei einer hierarchisch strukturierten Gruppe von Formularen von jedem Formular auf das Ausgangsformular zurückzukehren, solange dies noch nicht abgesendet wurde?
9.15.1	Sind Defaultaktionen für Elemente in Formulare oder Dialogboxen definiert, die einen Vorteil bei der Ausführung von Arbeitsaufgaben bieten?
9.15.2	Werden Schaltflächen, die mit einer Default-Aktion assoziiert sind, über einen visuellen Hinweis wie bsw. einer versenkten Umrandung kenntlich gemacht, um den Status einer Default-Schaltfläche zu verdeutlichen?
9.15.2	Können Defaultaktionen durch eine einheitliche Benutzeraktion ausgelöst werden? Bsw. Drücken der Entertaste oder Mausklick.
9.16.1	Können Eingaben aller Feldinhalte vor deren Aufnahme auf Grundlage vorher definierter Kriterien überprüft werden?

9.16.2	Werden voneinander abhängige Eingaben in Schlüsselfeldern überprüft, um sicherzustellen, dass entsprechende Eingaben nicht bereits in einem anderen Feld vorgenommen wurden? Bsw. kann ein und derselbe "Alias" nicht zweimal verwendet werden.
9.17.1.1	Ändern Radiobuttons ihr Aussehen in Abhängigkeit ihres Zustandes?
9.17.1.2.	Können bei Listenfeldern für die Einfach- oder Mehrfachauswahl mindestens 3 Einträge ohne Bildlauf angezeigt werden, wenn mehr als 5 Einträge vorliegen?
9.18.	Wird die Größe mehrzeiliger Ein- oder Ausgabebereiche klar dargestellt? Bsw. durch einen Rahmen oder die Angabe der max. möglichen Anzahl von Zeichen?
9.18.	Kann die Anzeige oder Eingabe längerer Texte in mehrzeiligen Textfeldern durch einen Bildlauf unterstützt werden?
9.18.	Ist ein automatischer Umbruch in mehrzeiligen Ein- oder Ausgabebereichen möglich, so dass Wörter nicht auseinandergerissen werden?
9.19.	Sind Auswahlschaltflächen wie bsw. Kontrollkästchen oder Radiobuttons innerhalb einer Gruppe vertikal ausgerichtet dargestellt?
9.20.	Ist eine rasche Aus- und Abwahl vieler Einträge aus einer Liste durch eine Schaltfläche ("Alle auswählen") möglich?

	Web Usability
10.1.	Kann die Navigationsleiste im Front-end links oder im Kopf der Seite platziert werden, so wie Benutzer es gewohnt sind?
10.1.	Besteht die Möglichkeit einer Kombination von Haupt- und Subnavigation?
10.1.	Können aktive Menüpunkte durch eine Markierung wie bsw. ein optisches Feedback hervorgehoben werden?
10.1.1	Kann eine große Anzahl an Unterdokumenten mit Hilfe einer Roll-Over-Navigation angezeigt werden, die viele Benutzer bereits aus der Windowsumgebung kennen?
10.1.2	Kann zur Darstellung von Hierarchien eine Anzeige in Baumstruktur, auch Treeview genannt, ermöglicht werden, die viele Benutzer bereits aus der Windowsumgebung kennen?
10.2.1	Können aufklappende Menüs genutzt werden, die Benutzern bereits aus der Windowsumgebung bekannt sind?
10.2.2	Können expandierende Menüs genutzt werden? Sie geben dem Webseitenbesucher das Gefühl von Kontrolle.

10.2.3	Werden Pulldown-Menüs nur als zusätzliches Mittel genutzt? Beachten:Sie wurden ursprünglich für Formulare entwickelt!
10.3.	Kann der gesamte Pfad in tiefen hierarchischen Strukturen, ausgehend von der Startseite, durch eine Breadcrumb angezeigt werden?
10.3.	Können die einzelnen Hierarchieebenen der Breadcrumbleiste verlinkt werden, damit Benutzer auf die nächst höhere Ebene wechseln können?
10.3.	Können anklickbare Bereiche der Breadcrumbleiste aus Gründen der Erkennbarkeit unterstrichen dargestellt werden?
10.4.	Können aktive Menüpunkte zusätzlich durch Einrückung oder farbliche Hervorhebung visualisiert werden, um die Navigation zu unterstützen?
10.4.	Kann der Hinweis ("Sie befinden sich hier") vor der Breadcrumbleiste angezeigt werden?
10.5.	Kann die Übersicht der Webseite mit Hilfe einer Sitemap dargestellt werden?
10.6.	Kann das Logo im Kopfbereich mit der Startseite verlinkt werden, damit Webseitenbesucher jederzeit die Möglichkeit haben, zur Startseite zurückkehren zu können?
10.7.	Können Informationen für den Titel einer Webseite eingepflegt werden, der u.a. dazu dient, dass Webseitenbesucher eine Webseite als Favorit abspeichern können? Siehe auch Title-Tag im Kapitel 11.
10.8.	Kann von dynamischen auf sprechende URL umgestellt werden, damit Webseitenbesucher sich diese besser einprägen können?
10.9.	Besteht die Möglichkeit, automatisch generierte Bestätigungsemails zu verschicken? Dies hat beim Onlineshopping bsw. juristische Gründe.
10.9.	Können sich wiederkehrende Benutzer, Kunden oder Mitglieder einer Community einmalig mit ihren Daten registrieren?
10.10.	Können Newsletterabonnements per Opt-in verifiziert werden?
10.11.	Können Kontaktformulare für das Versenden von Nachrichten bereitgestellt werden? Der Benutzer ist dadurch nicht auf einen Emailclient angewiesen.
10.11.	Kann der erfolgreiche Versand von Formulardaten bestätigt werden?

10.12.	Können nicht-Html Dokumente im Webbrowser angeschaut werden?
10.12.	Können PDF Dokumente zum Download angeboten werden?
10.13.	Können Inhalte möglichst ohne Verwendung von Java Script bereitgestellt werden, damit vermieden wird, dass Webseitenbesucher benötigte Plug-ins nachinstallieren oder extra einschalten müssen?
10.15.	Kann eine Suchfunktion bereitgestellt werden?
10.15.	Listet die Suchfunktion erste Suchergebnisse auf, sobald Benutzer erste Buchstaben eintippen?
10.15.	Ermöglicht die Suchfunktion eine alphanumerische Suche? Dadurch können Artikel eines Webshops gefunden werden.
10.15.	Ermöglicht die Suchfunktion eine phonetische Suche? Dadurch wird ermöglicht, dass man mit allen Schreibweisen ans Ziel kommt.
10.15.	Verfügt die Suchfunktion über eine Synonymverwaltung?
10.15.	Unterstützt die Suchfunktion die Verwendung von Boole'schen Verknüpfungen bei der Verknüpfung mehrerer Suchbegriffe?
10.15.	Ist das Eingabefeld der Suchfunktion ausreichend groß? Siehe auch Anforderungen für Formulardialoge.
10.16.	Können dem Benutzer fremdsprachliche Versionen einfach zugänglich gemacht werden?
10.16.	Kann ein automatisches Redirect für Sprachen genutzt werden, um Webseitenbesucher automatisch auf die für sie richtige Version der Webseite zu leiten?
10.17.	Können Inhalte für eine Ausgabe auf mobilen Endgeräte zur Verfügung gestellt werden?
10.18.	Kann eine vergrößerte Ansicht von Bildern angeboten werden? Nutzer erwarten es und nehmen etwas Wartezeit in Kauf.
10.18.	Können Informationen für eine Bildunterschrift hinterlegt werden?
10.18.	Können Html-Größenangaben für Fotos in einem IMG Tag eingefügt werden, damit vorhandener Text bei fehlerhafter Grafik richtig um die Grafik formatiert wird und das Layout bestehen bleibt ?
10.18.	Kann die Bildgröße für eine vergrößerte Ansicht definiert werden? Es sollte mind. doppelt so groß sein wie die Thumbnail-Ansicht.

10.19.	Generiert das CMS W3C-valides Html, um eine bessere Browserkompatibilität über verschiedene Browser hinweg zu ermöglichen? Siehe auch 11.12.
10.19.	Ist es in diesem Kontext möglich, Designs durch den Einsatz von CSS und Div-Elementen zu realisieren?
10.19.	Ist es in diesem Kontext möglich, so genannte Browserhacks im System zu definieren?
10.19.	Ist es in diesem Kontext möglich, Anweisungen für CSS Weichen im System zu definieren, um Schwachstellen von Browsern entgegen zu wirken?
10.20.	Kann Scrollen durch das Bereitstellen eines "Link nach oben" reduziert werden?
10.21.	Ist die Funktion des Zurück-Buttons im Browser gewährleistet?
10.22.	Kann für Icons eine entsprechende Beschriftung zur Verfügung gestellt werden, die unmittelbar darüber oder darunter steht?
10.22.	Ist der klickbare Bereich von Icons ausreichend groß, damit die Benutzer sie schneller klicken können? Er sollte nicht kleiner als 10 Pixel sein.
10.23.	Können Download PDF Dokumente mit einer Größenangabe und Symbol versehen werden?
10.24.	Können Grafiken mit einem Roll-over-Effekt versehen werden? Er dient als visuelles Feedback.
10.25.	Kann die Farbe der Links bei Hover-Effekt geändert werden?
10.25.	Kann je nach Link-Status eine andere Farbe verwendet werden?
10.26.	Besteht die Möglichkeit, News automatisch mit Datum und Uhrzeit zu versehen und sie absteigend nach Datum zu sortieren?
10.26.	Besteht die Möglichkeit, Newsmitteilungen als RSS Feed anzubieten, als Alternative zu Newslettern?
10.28.	Ist die Ausgabe der Webseite skalierbar, damit Fließtext mitwachsen kann? Fixe Größen sollten vermieden werden im Hinblick auf die Benutzerfreundlichkeit im Frontend.
10.29.	Können Webseitenbesucher die Schriftgröße durch eine Funktion vergrößern?

10.30.1.	Können Texte strukturiert werden, indem sie bsw. fett dargestellt werden oder durch Aufzählungen? Siehe auch 11.7
10.30.2.	Besteht die Möglichkeit, Spaltensets zu definieren, um Text im Frontend spaltenweise anzuzeigen?
10.30.2.	Besteht in diesem Kontext die Möglichkeit, die Spaltenbreite und den Abstand zwischen den einzelnen 10.28.1.Spalten zu definieren?
10.30.3.	Können Informationen für Teasertexte eingegeben werden?
10.31.	Besteht die Möglichkeit, eine 404 Fehlerseite einzurichten, die eine Navigation enthält? Ansonsten kann der Webseitenbesucher nicht weiter navigieren.
10.32.	Besteht die Möglichkeit, eine Druckfunktion im Frontend zur Verfügung zu stellen, bei der der URL der Webseite auf dem Ausdruck integriert ist?
10.33.	Besteht die Möglichkeit, Daten verschlüsselt über das https-Protokoll zu übertragen, bsw. bei Kreditkartenzahlungen oder dem Versenden von Formulardaten? Das fördert das Vertrauen.

	Suchmaschinenoptimierung
11.1.	Kann eine automatisch generierte Sitemap im XML Format ausgegeben werden, damit Suchmaschinen die Webseite dadurch besser indexieren können?
11.2.	Werden doppelte Inhalte durch eine Druckfunktion oder eine PDF-Downloadoption vermieden, damit Robots nicht die schlanker programmierte Version einer Webseite bevorzugen, die keine Navigation enthält?
11.3.	Können permanente Weiterleitungen (301) im System selbst eingerichtet werden, um den Robot auf die neue Zieladresse umzuleiten?
11.4.1	Können zusätzliche Meta-Tags im Quellcode einer jeden Seite eingefügt werden, um Suchmaschinen bsw. durch ein Canonical-Tag auf die relevante Version einer Webseite hinzuweisen?
11.4.2	Können Informationen für den Titel einer Seite in einem Title-Tag hinterlegt werden?
11.4.3	Können Informationen für die Beschreibung jeder einzelnen Seite in einem Description-Tag hinterlegt werden? Sie dienen als Snipet und müssen für jede Seite individuell angelegt werden.

11.4.	Können Schlüsselbegriffe/Keywords für jede einzelne Webseite hinterlegt werden? Sie werden immer noch von Yahoo zur Berechnung des Rankings herangezogen.
11.4.5	Können Informationen für Nofollow-Anweisungen vergeben werden, damit die Vererbung von Linkpower an einzelne, interne sowie externe Links unterbunden wird?
11.4.6	Können einzelne Seiten von der Suche ausgeschlossen werden, indem Informationen für das Robot-Tag hinterlegt werden können? Dadurch kann bsw. doppelter Inhalt unterbunden werden.
11.5.1	Können Überschriften und Zwischenüberschriften mit h-Tags kenntlich gemacht werden? Bei fehlendem Title-Tag werden diese Informationen genutzt.
11.5.2	Können Texte kursiv oder fett dargestellt werden?
	Können Texte durch Aufzählungen strukturiert werden?
11.6.	Können Grafiken oder Bilder mit alternativen Informationen versehen werden? Sie werden für Suchmaschinen im Alt-Attribut hinterlegt.
11.6.	Können Informationen für Grafiken oder Bilder im title-Attribut hinterlegt werden?
11.7.	Kann eine vergrößerte Ansicht von Bildern über ein Lupensymbol realisiert werden, anstatt sie direkt zu verlinken?
11.8.	Besteht die Möglichkeit, PDF Dokumente zum Download zur Verfügung zu stellen?
11.9.	Können aussagekräftige Linktexte für interne und externe Links vergeben werden? Bsw. sollte das System für das Anteasern von Texten nichtssagende Linktexte wie >>mehr<< oder >>weiterlesen<< vermeiden.
11.11.	Können beim Einsatz von Java Script oder Ajax zusätzliche Informationen in einem NO-Script-Bereich hinterlegt werden, um Suchmaschinenrobotern verwertbaren Content zur Verfügung zu stellen?
11.12.	Schreibt das System validen Code, damit alle Html Elemente korrekt ausgelesen werden können?
11.13.1.	Unterstützt das System ladezeitfreundliche Webseiten, indem es eine Komprimierung der PHP-Dateien im System ermöglicht, bevor die Daten an den Browser gesendet werden?

11.13.2.	Unterstützt das System ladezeitfreundliche Webseiten, indem die Komprimierung der htaccess im System aktiviert werden kann, bevor die Daten an den Browser gesendet werden?
11.13.3.	Unterstützt das System ladezeitfreundliche Webseiten, indem es die Möglichkeit bietet, Einstellungen für den Browsercache zu definieren, so dass wiederkehrende Inhalte schneller geladen werden können?
11.13.4.	Unterstützt das System ladezeitfreundliche Webseiten, indem Farbcodes für Hintergrundfarben im System definiert werden können, damit Hintergrundfarben nicht als Grafik hinterlegt werden müssen?
11.13.5.	Unterstützt das System ladezeitfreundliche Webseiten, indem es die Möglichkeit anbietet, kleine Hintergrundgrafiken durch X oder Y-Angaben über den ganzen Bereich einer Webseite zu wiederholen?
11.13.6.	Unterstützt das System ladezeitfreundliche Webseiten, indem es die Möglichkeit anbietet, CSS Anweisungen in einer Datei auszulagern, anstatt sie direkt in den Quellcode einzubetten? Das erfordert weniger Code und sie können bei wiederkehrendem Layout genutzt werden.

	Weitere Aspekte
12.1.	Besteht die Möglichkeit, Newsletter aus dem System selbst zu verschicken?
12.1.1	Kann bei Newslettern ein Double-Opt-In Verfahren genutzt werden, damit Abonnenten das Abonnement nochmals per Email bestätigen können?
12.1.2	Können Kundendaten für Newsletter automatisch per CSV-Datei in das Newslettermodul importiert werden?
12.1.3	Können Newsletter im Multipartformat, d.h. automatisch als Html- und Textvariante gleichzeitig versendet werden?
12.1.4	Werden für eine exakte Erfolgskontrolle automatisch Informationen zu Fehlermeldungen beim Versand von Newslettern zur Verfügung gestellt?
12.1.4	Enthalten die Fehlermeldungen Informationen zu Soft-Bounce und Hard-Bounce-Mails?
12.1.4	Können fehlerhafte Emailadressen aufgrund einer Hard-Bounce-Mail automatisch aus dem Verteiler entfernt werden?

12.1.4	Können Parameter aufgrund von Soft-Bounce-Mails definiert werden, damit diese Adressen erst nach mehreren fehlgeschlagenen Versuchen automatisch aus dem System gelöscht werden?
12.1.5	Können Newsletter über einen längeren Versendezeitraum an alle im Versendepool gelisteten Empfänger verschickt werden, damit sie nicht fälschlicherweise im Spamordner landen?
12.1.6	Werden automatisch Informationen über die Unsubscribe-Rate zur Verfügung gestellt?
12.2.1	Informiert das System den Redakteur automatisch, sobald neue Inhalte zur Freigabe bereitstehen? Bsw. per Emailbenachrichtigung oder beim Anmeldevorgang im System?
12.2.1	Werden alle zu veröffentlichenden Inhalte automatisch in eine Warteschlange gestellt, damit ein Redakteur Änderungen überprüfen kann?
12.2.1	Werden in diesem Kontext automatisch Informationen über den Verfasser und den Zeitpunkt der Veröffentlichung gegeben?
12.2.1	Besteht die Möglichkeit, Inhalte vor der Veröffentlichung in einer realen Vorschau zu betrachten?
12.2.2	Besteht die Möglichkeit, Inhalte zu einem bestimmten Zeitpunkt automatisch zu veröffentlichen?
12.2.3	Werden Inhalte, an denen aktuell gearbeitet wird, automatisch vom System ausgecheckt, damit kein simultaner Zugriff möglich ist?
12.2.4	Besteht die Möglichkeit, Inhalte auch im Frontend zu editieren, wenn Benutzer über entsprechende Rechte verfügen?
12.2.5	Kann die Zusammenarbeit optimiert werden, indem Mitarbeiter untereinander Nachrichten versenden können, neue Aufgaben erstellen oder Deadlines definieren können?
12.2.6	Besteht die Möglichkeit, die Keyworddichte automatisch zu messen, damit man das System nicht extra verlassen muss, um auf externe Programme zuzugreifen?
12.3.1	Warnt das System die Benutzer vor dem Setzen unsicherer Passwörter und gibt Hinweise für sichere Passwörter?
12.3.2	Besteht die Möglichkeit, die Datenbank automatisch zu sichern?
12.3.3	Kann über gesicherte https Verbindungen auf das Backend zugegriffen werden?

12.3.4	Verfügt das System über eine automatische Versionierung und eine Funktion Arbeitsschritte rückgängig zu machen?
12.3.5	Kann das System den Administrator automatisch über 404 Fehlermeldungen informieren?
12.3.6.1	Informiert das System automatisch, sobald Updates für den Core vorhanden sind?
12.3.6.2	Warnt das System bei der Installation von Erweiterungen vor Kompatibilitätsproblemen?
12.3.6.3.	Informiert das System, sobald Updates für Erweiterungen zur Verfügung stehen?
12.3.6.3.	Können Erweiterungen an einer zentralen Stelle zur Verfügung gestellt und aus dem System heraus installiert werden?
12.3.6.4.	Kann die Technik des Loadbalancing eingesetzt werden, um zu gewährleisten, dass die Webseite immer erreichbar ist?
12.3.6.5.	Können Daten anonymisiert an Google Analytics gesendet werden, um Datenschutz zu ermöglichen?
12.3.6.5.	Können IP Adressen anonymisiert werden, um Datenschutz zu ermöglichen?
12.4.	Sind neben Einzelupload auch simultane Uploads möglich?
12.4.	Können hochgeladene Dateien in individuellen Ordnern strukturiert werden?
12.4.	Können Mediendaten verschlagwortet werden? Dadurch können sie einfacher über eine interne Suchfunktion im System gefunden werden.
12.4.	Können unterschiedliche Medien automatisch mit einem Icon dargestellt werden?
12.4.	Können hochgeladene Videodaten für eine Vorschau in einem Player abgespielt werden?
12.4.	Können Grafiken und Bilder im System skaliert und beschnitten werden?
12.5.1	Existieren Long Term Editions des WCMS, um zukünftige Planungssicherheit zu gewährleisten?
12.5.2	Existieren möglichst viele Anbieter, die Erweiterungen anbieten, um das System an zukünftige Anforderungen anzupassen?

12.5.3	Existiert eine möglichst große Community, damit gewährleistet ist, dass das WCMS in Zukunft weiterentwickelt wird?
12.5.4	Kann das System mit zukünftig steigenden Nutzerzahlen und Datenmengen umgehen?
12.5.5	Ist das System auf zukünftige Anforderungen im Hinblick auf mehrsprachige Webauftritte gerüstet?
12.5.6	Verfügt das WCMS über viele Schnittstellen, die eine Integration in unternehmensweite Software in der Zukunft ermöglichen?